Max Schweingel

Über die Chanson dEsclarmonde, die Chanson de Clarisse et Florent

und die Chanson dYde et Olive, drei Fortsetzungen der Chanson von Huon

de Bordeaux

Max Schweingel

Über die Chanson dEsclarmonde, die Chanson de Clarisse et Florent
und die Chanson dYde et Olive, drei Fortsetzungen der Chanson von Huon de Bordeaux

ISBN/EAN: 9783744604697

Hergestellt in Europa, USA, Kanada, Australien, Japan

Cover: Foto ©Thomas Meinert / pixelio.de

Weitere Bücher finden Sie auf **www.hansebooks.com**

Über die
Chanson d'Esclarmonde, die Chanson de Clarisse et Florent

und die

Chanson d'Yde et Oliue,

drei Fortsetzungen der Chanson von Huon de Bordeaux.

INAUGURAL-DISSERTATION

zur

Erlangung der Doctorwürde

bei der

hohen philosophischen Facultät der Universität Marburg

eingereicht von

Max Schweingel
aus Reichenbach i. Schl.

Aus: Ausg. u. Abh. aus dem Gebiete der romanischen Philologie.

Marburg.

Jniversitäts-Buchdruckerei (R. Friedrich)
1888.

Einleitung.

Die Chanson von »Huon de Bordeaux« weist in der Turiner Hs. L II 14 ausser einem Prologe, dem »Roman d'Auberon«, eine Fortsetzung von vier Chansons auf[1]), welche Gautier[2]) nach den von Guessard[3]) mitgeteilten Capitelüberschriften als »La Chanson d'Esclarmonde«, »La Chanson de Clarisse et Florent», »La Chanson d'Yde et Olive«, »La Chanson de Godin« bezeichnet hat. Abweichend von Gautiers Angaben umfassen aber in der Hs. La Chanson d'Esclarmonde: Bl. 354 Sp. d Z. 12—74 Sp. b Z. 30; La Chanson de Clarisse et Florent: Bl. 374 Sp. b Z. 31—89 Sp. c Z. 11; La Chanson d'Yde et Olive: Bl. 389 Sp. c Z. 12—99 Sp. c Z. 32[4]). (cf. § 329).

Als Fortsetzungen der Chanson von »Huon de Bordeaux« führt Gautier ausser den genannten noch an: »Huon, roi de Féerie», welche sich an die Zehnsilbler-Redaction der Chanson von »Huon de Bordeaux« der Hs. Bibl. nat. fr. 22555 anschliesst, und »Le Roman de Croissant«. Der letztere ist aber nach Gautier in poetischer Fassung nicht auf uns gekommen; doch lasse der Schluss der Alexandriner-Version der Chanson von »Huon de Bordeaux« (Bibl. nat. fr. 1451) auf sein einstiges Vorhandensein schliessen. Jedenfalls sei er in Zwölfsilblern abgefasst gewesen und erst im 14. Jahrhundert entstanden, während die übrigen Fortsetzungen der zweiten Hälfte des 13. Jahrhunderts entstammen. Dies ist ein Irrtum. Eine »Chanson de Croissant« ist in der Turiner Hs. L II 14 enthalten, bildet aber allerdings hier keine

---

1) Stengel: Mittheilungen aus französischen Handschriften der Turiner Universitäts-Bibliothek, S. 31.
2) Gautier: Les Epopées françaises, 2. Ed. Paris 1880, B. III S. 742.
3) Huon de Bordeaux, Paris 1860, S. XLVI—\LVIII.
4) Ausdrücklich ist der Beginn nur bei der »Chanson de Clarisse et Florent«, welche anhebt:
      Hui mais commence gloriouze canchon,
und bei der »Chanson de Godin« bezeichnet:
      Pour l'amour Dieu, segneur, or escoutéz!

selbstständige Fortsetzung, sondern einen Teil der »Chanson d'Yde et Olive«, und zwar dürfen wir für die »Chanson de Croissant« denselben Verfasser annehmen wie für die »Chanson d'Esclarmonde«, die »Chanson de Clarisse et Florent« und den Teil der »Chanson d'Yde et Olive«, welcher der »Chanson de Croissant« voraufgeht. (cf. § 61). Am 29. Januar 1454 wurde nach Guessard[1]) »à la requeste et prière de Monseigneur Charles, seigneur de Rochefort, et de Messire Hues de Longueval, seigneur de Vaulx et de Pierre Ruotte«, wie ein Vermerk der Ausgaben von 1516 und von Jean Bonfons ergiebt,[2]) eine Prosaversion der Chanson von »Huon de Bordeaux« vollendet, welche »Les faits et gestes de Huon de Bordeaux et de ceulx qui de luy descendirent« behandelt und nach Guessards Ansicht nach der Fassung der Chanson von »Huon de Bordeaux«, welche in der Turiner Hs. vorliegt, abgefasst ist. Diese Prosaversion ist uns nicht handschriftlich erhalten, wohl aber in einer Reihe von Drucken. Als ältesten derselben führt Brunet[3]) (wie auch Gautier und Guessard) an: Paris, 1516, Michel le Noir. Ausser diesem citiert er zehn weitere Drucke.

In der ersten Häfte des 16. Jahrhunderts[4]) übersetzte Sir John Bourchier, Lord Berners die französische Prosaversion ins Englische. Diese nach Brunet gegen 1540, London, by Copland, gedruckte Uebersetzung ist von S. L. Lee wieder veröffentlicht worden für die Early English Text Society. Lee bemerkt von der Uebersetzung »printed by Wynkyn de Worde about 1534 A. D.«

Die »Chanson d'Esclarmonde«, die »Chanson de Clarisse et Florent« und die »Chanson d'Yde et Olive« bilden den Gegenstand vorliegender Arbeit. Es soll die überlieferte wie die ursprüngliche Mundart untersucht und weiter das Verhältnis der drei Chansons zu der Prosaversion bestimmt werden.

Es standen mir für meine Untersuchung folgende Drucke der Prosaversion zu Gebote:
1) Lyon, 1545, Oliuier Arnoullet[5].)
2) Lyon, 1586, Benoist Rigaud (beide auf der Herzoglichen Bibliothek zu Wolfenbüttel).
3) Montbéliard, 1821, F. Deckherr, 2. Buch (im Besitz von Herrn Professor Stengel).
4) Der Neudruck der englischen Prosaversion in der Early English Text Society.

1) L. c. S. XXV—XXVI.
2) Derselbe Vermerk findet sich am Schluss des Druckes von 1545. (cf. § 327.)
3) Manuel du Libraire, 5 Ed. III, 381 ff.
4) Guessard: l. c. S. XXXIII—XXXIV.
5) Derselbe ist also nicht undatiert, wie Brunet angiebt.

3

Die gebrauchten Abkürzungen bedeuten:

s. = Substantiv.	sg. = Singularis.	pr. = Praesens.
npr. = Eigenname.	pl. = Pluralis.	imp. = Imperfectum.
a. = Adjectiv.	n. = Nominativ.	fut. = Futurum.
comp. = Comparativ.	o. = Obliquus.	cond. = Conditionalis.
pron. — Pronomen.	voc. = Vocativ.	pf. = Perfectum.
pers. = persönlich.	m. = Masculinum.	p. = Participium.
disj. — unverbunden.	f. = Femininum.	inf. = Infinitif.
dem. = hinweisend.	neutr. = neutral.	ger. = Gerundium.
indef. = unbestimmt.	i. = Indicativ.	refl. = reflexiv.
num. = Zahlwort.	c. = Conjunctiv.	subj. = Subject.
adv. = Adverbium.	imper. = Imperativ.	obj. — Object.
		vorh. — vorhergehend.

Was die Behandlung des Textes betrifft, so sind von den Abkürzungen diejenigen beibehalten worden, welche der Wiedergabe durch den Druck keine Schwierigkeiten bieten; alle übrigen sind aufgelöst, und die Auflösung ist durch Cursivdruck bezeichnet. Anlautendes *u* und *v* ist stets durch *v*, inlautendes stets durch *u*, ebenso inlautendes *i* und *j* durch *i* wiedergegeben, wogegen für anlautendes consonantisches *i* stets *j*, für anlautendes vokalisches *i* stets *i* gesetzt ist.

Zum Schluss bleibt mir noch die angenehme Pflicht übrig, allen denen meinen Dank auszusprechen, welche mir bei vorliegender Arbeit ihre Unterstützung gewährt haben, so an erster Stelle Herrn Professor Stengel, auf dessen Anregung hin diese Arbeit unternommen wurde, für seinen jederzeit bereiten Rat, Herrn Professor Flechia in Turin für die Erlaubnis, die betreffenden Teile der Handschrift in Turin copieren zu dürfen, Herrn Oberbibliothekar von Heinemann in Wolfenbüttel für gütige Uebersendung der Drucke und Herrn Dr. Feist für nachträgliche Collation zweier Spalten sowie für freundliches Ueberlassen seiner Copie von Bl. 3ú4 Sp. d — 401 Sp. d der Handschrift.

I. Überlieferte Mundart.

Die »Chanson d'Esclarmonde«, die »Chanson de Clarisse et Florent« und die »Chanson d'Yde et Oliue« bis Vers 7585[1]) sind bis auf die Capitelüberschriften (cf. § 60) von einer Hand geschrieben. Mit Vers 7586 setzt eine zweite Hand ein, welche über den Anfang der »Chanson de Godin« hinaus weiterschreibt.[2])

1. Vokale.

§ 1. Die ostfranzösische und picardische Eigentümlichkeit, in gewissen Fällen *ai* für *a* eintreten zu lassen, zeigt A regelmässig vor *mouilliertem n*: *Alemaigne* 708 (nur 188 und 6796 *Alemengne* cf. § 8), *Bretaigne* 2932, *compaigne* 1029, *montaigne* 1248, in unbetonter Silbe *compaignie* 902 u. s. w. Niemals tritt *ai* für *a* ein vor *Palatal* und *Sibilant*: *aidasse* 2145, *barnage* 351, *cace* 2612, *face* (s.) 2201, *face* (pr. c.) 190 u. s. w.

Ebenso zeigt B *compaingnie* 8148, *compaingnon* 7906, *fache* (pr. c.) 7742, *outrage* 7802 u. s. w.

§ 2. Die Wandlung von *ai* zu *a*, die sich im Ostfranzösischen, Picardischen und Wallonischen findet, zeigt A in *a* (1. sg. pr. i.) 471, 4550, der 1. sg. fut. *contera* 2465, *reuenra* 65, dem imper. *fates* 3391 und in unbetonter Silbe in *larriemes* 745. Umgekehrt steht *ai* für *a* 974, da wir das in der Assonanz stehende *arresta* 975 nicht für die 1. Person halten werden; denn dem Dichter ist dieser Wechsel sonst fremd. (cf. §§ 65, 71.)

§ 3. Die Endung *-aison (-ationem)* geht bei A ausnahmslos in *-ison* über. Beispiele: *acordison* 5850, *arrestison* 467, *orison*

---

1) Die Verse sind durch die Chansons hindurch fortlaufend numeriert.
2) Der Kürze halber sei der erste Copist mit A, der zweite mit B bezeichnet.

2806 u. s. w. — Statt des gewöhnlichen *ai* zeigt *oi: ocoison* 5834 u. s. w.

§ 4. Die dem Picardischen, Wallonischen und Ostfranzösischen bekannten Formen *connissons* 3936, *conistra* 970, 7309 zeigen *i* für *oi*.

§ 5. Die fast nur picardische und wallonische Form *cauiax* mit *a* statt *e* vor dem Tone findet sich bei A 1773, 3592, 3758, 6471; nur 89 steht *cheuiax*.

§ 6. Der aus picardischen Texten bekannte Wandel von *au* zu *a* findet sich nur in *Aberon* 2553.

§ 7. Der Einschub eines *u* nach *a* vor *l*, der sich im Ostfranzösischen zeigt, findet sich nur vor dem Tone in *baulie* 1671.

§ 8. Eine Verwechslung von a_n mit e_n findet sich häufig; a_n für e_n bei A: *ensamble* 759, *ensiant* 1819, *noiant* 1830, *Oriant* 5499, *sans* 482, *seryant* 25, *tans* 524, *tramble* 2356, in unbetonter Silbe *anemi* 335, *assambla* 791 *(sainblast* 1267) u.s. w. e_n für a_n : *Alemengne* 188, 6796, *menge* 2181, in unbetonter Silbe *mengast* 1267 *(a_n* selten: *mangier* 5580, *mangiers* 2517 u. s. w.) u. a. m. Auch B bietet a_n für e_n : *ensamble* 7750, *sans* 7852 u. s. w. ; e_n für a_n : *mengier* 7753 u. s. w. Zu bemerken ist die Schreibung *deme* 949, *demes* 112.

§ 9. Die dem Flandrisch-Artesischen und Wallonischen eigene Diphthongierung eines *lat. e (i)* in gedeckter Stellung kennt nur A: *biel* 4237, *canciel* 518, *castiel* 5618, *chiele* 4007, *chierf* 1370, *cier[f]* 1969, *cierf* 3522, *ciers* 6068, *cierte* 2295, *ciertes* 3059, *damoiselle* 6596, *fier* 629, *puchielles* 71, *pucielle* 6668 und vor dem Tone *chierkié* 215, *chierkiet* 220, *chieruel* 280. Meist jedoch bleibt das aus *e (i)* hervorgegangene *e* bestehen: *castel* 4628, *cele* 229, *certes* 2881, *guerre* 4268, vor dem Tone *cerkier*, 454 u. s. w.

§ 10. Das Bartsch-Mussafiasche Gesetz hat unbedingte Geltung. A: *pité* 99, *pités* 2246 u.s.w. begegnen auch sonst, und *sacés* 2127 ist wohl fehlerhaft. Dagegen zeigen *e* statt *ie* die Futurformen *ert* 132 u. s. w., *erent* 3534 u. s. w. Daneben regelrecht *iere* 375, *iert* 132 u. s. w. Als fehlerhaft jedoch sind wohl *derrer* 776, *encombrer* (in *ié*- Assonanz) 2127 zu betrachten. Umgekehrt hat das Imperfectum *erat* neben *é*, *ert* 386, *erent* 5244 u. s. w., auch *ie: iert* 31 u. s. w. Ebenso B: *pité* 7726, 7888; dagegen regelrecht *iert* (fut.) 7895, 7936, während neben *ert* (imp.) 7972, *erent* (imp.) 7969 auch *iert* 7659, 7661 u.s.w. steht

§ 11. Der für Lüttich und Artois belegte Wandel von *ie* zu *i* findet sich nur in *reuigne* 344 und *vingne* 7934.

§ 12. *ie* = *iée* durch Zurückziehung des Accentes, die picardische und ostfranzösische Eigentümlichkeit, weist A auf in *baignies* 3378, *baisie* 6372, *brisie* 4776 (auf ein zu ergänzendes prison zu beziehen. cf. 4864), *laissie* 2045, 5816, *lie* 3833, *liement* 1890, 3515, 5924, *maisnie* 459, 1157 u. s. w., *rengies* 2026; B hat *couchie* 7698.

§ 13. *Ecce-ille* und *ecce-iste* + *s* bewahrt regelmässig sein *i*. Beispiele: *chil* 38, *cil* 771, *chis* 243 u. s. w. Einmal auch *ecce-illam* = *cille* 1674.

§ 14. Den Triphthong *ieu* kennt A gar nicht; *ieu* ist zufolge einer rein picardischen Eigentümlichkeit überall zu *iu* geworden. Beispiele: *ciuls* 3198, *Diu* 145, *Dix* 73, *dix* 46, 6286 (dagegen *dels* 6296), *espix* 851, *liu* 1031, *liue* 2009, *Mikix* 854, *miudres* 5692, *mix* 330, *vius* (a.) 565, *vius* (pr. i.) 4257 u. s. w. Hingegen B schreibt neben *Diu* 7682, *espius* 7908, *liue* 7851: *Dicu* 7727, *Dieus* 7617, *lieu* 7586 u. s. w.

§ 15. Die fast einzig dem Picardischen und Wallonischen bekannte Form *infer* steht 2724, 3767, 6364.

§ 16. Lat. *ĭ* ist vor *l*, mouilliertem *l* bei A stets *e*, *ei* in betonter, *i*, *e*, *ei* in unbetonter Silbe geworden (nur *aparailliet* 4011). Beispiele: *conseil* 2556, *merueille* 2·23, *meruelle* 1192, *soleil* 1262; *aparellie* 1618, *aparillie* 2967, *conseilliés* 6154. Aus der Schreibung *meruelle*, *aparellie* werden wir schliessen, dass in dem *ei* das *i* nur den *mouillierten l*-Laut bezeichnet.

§ 17. Im Picardischen fiel lat. *il* + *Konsonant* mit *el* + *Konsonant* zusammen, indem auch *il* + *Konsonant iau* ergab. Beispiele: *cauiax* 1773, *chiaus* 541, *chiax* 788, *iaus* 1945 u.s.w. Ausnahmen: *aus* 480 u.s w., *ax* 3252, 3468, *chex* 4074, *cils* (*ecce ille* + *s*) 3572 u. s. w., *eus* 4033. B hat nur *iaus* 7612, 7624, *chiaus* 7656 u.s.w.

§ 18. Unbetontes *in illum* finden wir von A meist durch *v* ausgedrückt: 83, 118 u.s.w. (*u* 1767), weniger häufig durch *el* 106, 168 u.s.w., selten durch *ou* 12, 73 u.s.f. B zeigt *el* neben *ou*: 7735, 7754 u.s.w.

§ 19. Das Picardische vokalisiert *l* u. *mouilliertes l* hinter *ī* vor *s* gern zu *u*, während das Normannische, Central- und Ostfranzösische es in dieser Stellung ausfallen liessen. Unser Text zeigt stets: *fix* 390, 519 u. s. w.; dagegen überwiegend *gentis* 224, 458 u. s. w. und weniger häufig *gentix* 867, 869 u. s. w. B schreibt *ieu* für ursprüngliches *iu* in: *fieus* 8066, *fiex* 7605, 7615 u.s.w. (*filius*), *fiex* (*filum*), 8258, 8266.

§ 20. Die picardische Eigentümlichkeit, lat. -*ivus* nicht zu -*is* sondern -*ius* zu wandeln, findet sich bei A nicht, sondern

stets *caitis* 1003, 1036, *vis* 395, 3730 u. s. w. Dagegen zeigt B
pensius 7692.

§ 21. Für *ou* mit *offnem o* des Normannischen und Central-
französischen hat das Picardische *au* und *eu*. A : *au* in *claus*
4380, *pau* 1525, *taut* 3832 ; *eu* in *euc* 5378, *euch* 4021, 5420,
eut 755, *peu* 5420, *teut* 1011. Ausnahmen: *oc* 1022, *och* 2863,
6246, *oi* 3176, *orent* 227 u. s. w., *ot* 165 u. s. w., *po* 4659, *poi*
343 u. s. w., *pot* 423 u. s w., *soch* 3190, *sot* 2180 u. s w. B: *au*
in: *claus* 8298; *eu* in: *euch* 7702, *eurent* 7707. Ausnahmen : *orent*
7708, *ot* 7602, *poi* 7651, *sot* 7665 u. s. w.

§ 22. *ou* mit *offnem o* aus *o* vor gedecktem *l* verwandelt
das Picardische und Wallonische in *au*. A: *faus* 973, *taurrai*
5748, *taust* 5137, *vaurra* 308, *vausist* 4953, *vautis* 6480, *vaut*
302 u. s. w. Ausnahmen: *torra* 4209, *veut* 191, *voelt* 230, *volt*
6114. *vorra* 4470, *vout* 1573 u. s. w. B: *caup* 7766, *caupoient*
8181, *taura* 7956, *vaura* 7603 u. s. w.

§ 23. Wallonisches *iu* für *u* zeigen *aperchiurent* 1474,
aperchius 5215, *diut* 6157, *perchius* 5209, *perchiut* 758, *rechiut*
4649, 7422.

§ 24. *o* für *oi* durch Überwiegen des *o*-Elementes, die ostfranzösische Eigentümlichkeit, zeigt A in *bos* 1054, 1055 u. s. w.,
welches bis auf 2614 *(bois)* sich nur in dieser Gestalt in unserem
Texte findet und die gewöhnliche picardische Form ist, ferner
in *essonnes* 5497 und vor dem Tone in *frouer* 3906. B bietet
estore 7644, 7842, *frouéz* 8186.

§ 25. Die ostfranzösische Eigentümlichkeit, *oi* für *o* eintreten
zu lassen, weist A auf in: *roinses* 4834, *Terrascoigne* 5393, vor
dem Tone in *engroissa* 6239, *groiseur* 6243, *vergöingnier* 5141.

§ 26. *Geschlossenes o* wird von A durch *o*, *u*, *ou* ausgedrückt, oder es schreitet zu *eu* fort: *contor* 3480, *corre* 1475,
courent 4187, *dolour* 1434, *dolurs* 75, *fleurs* 4787, *glorious* 3101,
stets *tous*, *tout*, *toute* und nur 593 und 6766 *tot*, *tos*. Auch vor
Nasal giebt A *o* durch *o*, *u*, *ou* wieder: *ocirunt* 475, *oume*
2363, *pume* 1594, *sont* 68 u. s. w. (überwiegend), *sunt* 30 u. s. w.
B: *leur* 8265, *perilleus* 7853, *vigreus* 7806, nur *ou* in *tout* 7593
u. s. w.; *oume* 8360, *Romme* 7633, *Roume* 7609 u. s. w.; nur *o*
in *sont* 7717 u. s. w.

§ 27. *Kurzes lat. u* wird bei A. zu *o*, *ue*. Beispiele: *jone*
85, *trueue* 1518 u. s. w.; unbetont findet sich *ou*, *v (ubi)*, letzteres
häufiger. *ue* neben *oe*, *eu* entspricht sonst regelrecht *lat. kurzen o*:
estuet 4607, *iluecques* 1252, *auoec* 5894, *voelt* 230, *veut* 191; *oue*
findet sich in *oueure* 356, *oues* 5080 u. s. w., Abflachung zu *e*
in *dels* 6296. B giebt *kurzes lat. o* durch *ue*, *eu*, *ieu*, *e* wieder:

auec 7886, *cuers* 7596, *ceur* 7592, *illuecques* 7794, *leus* 7903, *lues* 8061, *veut* 7778, *vieut* 7880, *vuelle* 7890 u. s. w.

§ 28. *Fŏcum, fŏcus* erscheint in rein picardischer Form : *fu* 950, 1709, 7074, *fus* 5544.

2. Konsonanten.

§ 29. *c* vor ursprünglichem *a* wird 'im Picardischen nicht zu palatalem *ch*, sondern behält seinen gutturalen Charakter und wird durch *c*, *k* ausgedrückt. Ebenso behält *c* vor einem aus *a* entstandenen *e*, *ie* im Picardischen den lateinischen Laut und wird durch *c*, *k qu* bezeichnet. In gleicher Weise wird unlateinisches *k* vor ursprünglichem *e*, *i* behandelt. Wie aber die meisten picardischen Handschriften hierin nicht konsequent verfahren, so auch A ; indessen überwiegt die streng picardische Schreibweise. Beispiele: *accaté* 88, *cace* 2612, *canchon* 210, *caples* 790, *Karle* 47, *Karlot* 48, *Karlemaine* 49 ; *cemins* 39, *ciet* 852, *ceuaucier* 1642, *eskieles* 834, *cerkier* 455, *couce* 1775 ; *mescine* 3882, *rice* 3892, *tresquier* 2502 u. s. w. Ausnahmen: *chambre* 2671, *char* 775, *Charlon* 2084, *Charlot* 2116, *Charlemaines* 4254; *cheï* 1726, *chier* 7, *cheuiax* 89, *chiens* 4836; *meschin* 2260 u.s.w. Auch B schwankt: *cascuns* 7645, *cascment* 7591 u. s. w. neben *chastiaus* 7669, *chief* 7641 u. s. w.

§ 30. *g* wird vor *a* im Picardischen nicht zu palatalem *j*, sondern bleibt erhalten. Dies hatte zur Folge, dass auch sonstiges *j* im Picardischen bisweilen durch *g* ausgedrückt wurde. A : *alonga* 4383, *arrengant* 2978, *atarga* 3924, *atargant* 5485, *encarga* 973, *g'irai* 1820, *mengue* 1299, *sergant* 25 u. s. w. Ausnahmen: *ataria* 279*›*, *jambe* 1515, *joie* 33, *j'ai* 94, *serians* 5370, u. s. w. B : *g'irai* 8174, *juga* 8377, *sergans* 7807 u. s. w.; dagegen *joie* 7626 u. s. w.

§ 31. 1) *c* vor *lat. e*, *i* und 2) *t* vor *i*, *e* + Vokal werden im Picardischen nicht zu dem *ts*-Laut, sondern zu dem harten palatalen Quetschlaut, welcher von A meist durch *c*, weniger häufig durch *ch* ausgedrückt wird. Beispiele: *celui*, 94, *ceste* 105, *commence* 78, *douce* 99, *princiers* 170, *prenc* 1537 u. s. w. *cha* 61, *chaindre* 3570, *canchon* 210, *doulch* 1165, *chité* 4930, *fach* 2134 u. s. w. Ausnahmen: *ains* 258, *danselle* 3839, *dansillons* 2501, *damoiselle* 3610 u. s. w. Auch B schwankt: *cele* 7598, *seruice* 7682 neben *cha* 7605, *marchis* 7647 u. s. w.

§ 32. *t (d)* + *s* ergiebt auslautend im Picardischen nicht wie in den anderen altfranzösischen Mundarten *z* sondern *s*. So. bei A ausschliesslich: *assés* 24, *dedens* 1, *entrés* 1, *cris* 84, *grans* 46, *pis* 4121, *orrés* 11 u. s. w. B: *demandés* 7615, *seurés* 7655 u. s. w. Dagegen steht hier auch *z*: *cheriz* 7663 u. s. w.

Auch sonst zeigt B bisweilen auslautendes *z: escharz* 7631, *miz* 8080 u. s. w., während A *z* sonst nur zuweilen für intervokales *s* gebraucht.

§ 33. In gleicher Weise wird *-sts* im Picardischen nicht zu *z* sondern zu *s*. So auch ausnahmslos in unserem Text. A: *ces* 70, *ches* 91, *chis* 243, *Jesucris* 244 u. s. f. B: *chis* 7857, *ices* 7621, *Jesucris* 8123, *os* 7897 u. s. f.

§ 34. Die lateinische Endung *-cem* (nom. *Vokal + x*) ergab im Picardischen *-s*, nicht wie in den anderen Mundarten *-z*. A zeigt: *crois* 214, *fois* 440, *genitris* 1196, *nois* 1960, *pecerris* 105, *vois* 389 u. s w., B: *crois* 8210, *empeeris* 7650, *vois* 7621. Ausnahmen fehlen.

§ 35. In den Perfectformen hat das Picardische ein inter-vokales *s* länger erhalten als die übrigen Mundarten. A zeigt: *desis* 240, *fesisse* 1588, 4164, *fesissent* 4324, *jesisse* 3939, *me-simes* 2723, *mesisse* 359, *presisses* 4276, *presissent* 6323, *pre-sissiés* 675.

§ 36. Auslautendes *s* vor konsonantischem Anlaut ist für A als verstummt anzusehen, wie die Schreibweisen *for* 1738, 2258, 3698, *vou* 2329, 4157, 4846, *e* (ecce) 15, 3910, *ve* 3943, *arresté* 3443, *dite* 3345, *jeté* 3857, *mescreé* 2100 (Imperative), *tenré* 4930 u. s. w. beweisen. Zweimal fehlt *s* sogar vor vokalischem Anlaut: *nou* 129, *vou* 97. Auch B zeigt einmal *ecce* als *e* 8299.

§ 37. Einmal findet sich mit Übergang von *n* in *r* die Form *armes* 3767, wofern dieselbe nicht vielmehr nach § 45 zu beurteilen ist.

§ 38. *t* erhielt sich auslautend im Picardischen, Wallonischen und Ostfranzösischeu länger als in den anderen Mundarten. Bei A finden wir dieses *t* häufig erhalten nach *ie: aparilliet* 382, *congiet* 184, *detrenciet* 392, *pitiet* 457 u. s. w. (Ausnahmen: *congié* 254, *embracié* 661, *encargié* 979 u. s. w.); weniger oft nach *é: alet* 340, *lauet* 2668, *penset* 1435, *pitet* 5358, *trouuet* 2671; nach *u* in: *but* 2673, *courut* 2404, 5068, *despondut* 2168, *escut* 4605, *jut* 171, *lut* 2749, *venut* 4616, 4637 u. s. w. 3562 findet sich *conute = conue*. Etymologisches *d* ist als *t* aus-lautend erhalten in: *fit* 522, *foit* 1736, 1996 u. s. f., *piet* 2771. B zeigt *t* nur in: *but* 8304, *menyiet* 8304, *priet* 7889.

§ 39. Die picardische Eigentümlicekeit, das ursprüngliche *w* an Stelle des daraus entstandenen *g, gu* zu bewahren, zeigen nur *warde* 535 und *waucra* 965.

§ 40. *-es* für *-els* findet sich bei A nur zweimal: *ostés* 329, *ques* 2914. Dagegen *kex* 3553, *messeus* 5781, *mortex* 2862, *osteus* 378, *quels* 3467 u. s. w.

§ 41. *bl (pl)* wird in picardischen, wallonischen und ost-französischen Texten bisweilen zu *vl*; *v* kann zu *u* vokalisiert werden und ausfallen. A zeigt nur *peule* 5011, dagegen *afoibliiés* 6209, *fable* 210, *pueplé* 6028, *pueplée* 1674, 1679, *puplé* 6029, *table* 2662 u. s. w. B: *paisiulement* 8063, *peule* 7794, 8063; dagegen *peuplé* 7791, *peuples* 8040.

§ 42. Das Picardische scheut nicht wie die anderen Mundarten die Konsonantengruppen *l-r, m-l, m-r, n-r* und bedarf deshalb nicht des Einschubes eines *d* oder *b*. Dieses *d* fehlt bei A ausnahmslos zwischen *l-r, n-r*: *assaurrons* 560, *conuenra* 1034, *deuenrés* 884, *faurroie* 888, *tenrement* 490, *tinrent* 2715 u. s. w. Beinahe regelmässig dagegen zeigt A *b* zwischen *m-l* und *m-r*: *assambla* 791, *cambre* 545, *combré* 2513, *membrée* 561, *nombré* 4288, *tramble* 2356 u. s. w. Einzige Ausnahme ist *tranle* 5669. Auch B schreibt *tenront* 7722 u. s. w., dagegen *rasanléz* 8307, *santa* 8340 und nur 8414 *assanbla*.

§ 43. Während in der 3. pl. pf., wenn die Konsonantengruppe *s-r* entstand, das Normannische und Centralfranzösische diese zu *-str* umwandelten, warfen das Picardische, Wallonische und Ostfranzösische *r* aus. A: *assisent* 1934, *fisent* 2062, 2996, *misent* 6983, *prisent* 3805, 3922, 4066, *requizent* 3970, dagegen *entrochirent* 3967. B: *prisent* 8128.

§ 44. Die im Picardischen beliebte Umstellung von *Konsonant + er* in *Konsonant + re* zeigt A nur in *espreuier* 213. Dagegen findet sich in folgenden Fällen die Metathesis *-re* in *-er*: *deliuerrés* 5541, *empierra* 3450, *enterrés* 1319, *jüerra* 3233, *ouuerra* 4249, *plouërra* 815. B bietet: *desfremés* 8234, *fremetéz* 8163, *gouurena* 8351, *vretus* 7904.

§ 45. Bisweilen findet sich der Einschub eines unorganischen *r*. Beispiele: *aubalaist(r)e* 961, *escla(r)[s]* 501, *esp(r)ée* 5116, *est(r)é* 4073, *jost(r)ement* 3523, *mescié(r)s* 583, *moust(r)ier* 2698, *pie(r)cha* 213, *t(r)'adouberas* 4266, *trauillié(r)s* (p. pf.) 76, *t(r)ertre* 1767, *t(r)este* 4966, *t(r)estuet* 4607.

§ 46. B schreibt häufig *i* für *il*: 7687, 7696, 7706 u. s. w.

3 Formen.

§ 47. Die dem Picardischen eigene Bewahrung des *ie* in in der 1. pl. imp. und 1. pl. cond. weisen auf bei A: *keriens* 5558, *larriemes* 745, *veniemes* 5493. Ausnahmen fehlen. Die 1. pl. imp. c. und 1. pl. pr. c., welche in manchen picardischen Texten ebenfalls *ie* bewahren, sind bei A nicht belegt, wogegen B *fussiens* 7709 aufweist. Dieses *ie* ist, wie im Picardischen und Wallonischen üblich, im Imperfectum und Conditionalis schon einsilbig.

§ 48. Die erste Person des Plural auf -*mes*, wie sie dem Picardischen eigentümlich ist, findet sich nur in *lurriemes* 745, *veniemes* 5493. Meist zeigt A -*ns*: *alons* 22, *auons* 21, *keriens* 5558, *lairons* 2, *prions* 23 u. s. w. Die Endung -*n* erscheint in *demandon* 2528, *deuison(e)* 2820, *viueron* 2534 und -*m* in *disom* 513.

§ 49. Neben den 3. sg. pr. i. *va* (5, 79, 310 u. s. w.) zeigt A *vait* nur 966, 2499, 4954, 5264, 5632, 5731. (966, 2499, 4954 *vaissent* = *vait s'ent*).

§ 50. Das Picardische liebt es, die 1. sg. pr. i. und pf. auf den harten palatalen Quetschlaut ausgehen zu lassen, von A durch *c* oder *ch* bezeichnet. Beispiele: *commanch* 730, *cuic* 775, *cuich* 277, *demanch* 254, *douch* 274, *entench* 230, *euc* 5378, *euch* 4021, *fach* 2134, *oc* 1022, *och* 2863, *perch* 101, *prenc* 1537 u. s. w. Hierher ist auch der Imperativ *fac* 4240 zu rechnen. Ausnahmen: *aim* 1537, *commans* 1355, *commant* 2721, *demande* 2812, *demant* 360, *dout* 1734, *doute* 1947 u. s. w. B bietet *euch* 7702.

§ 51. Das aus picardischen und ostfranzösischen Texten bekannte *i = oi* des Infinitivs gewisser Verben findet sich bei A in *caïr* 6951, *veïr* 3221, 3424, 4435. Jedoch *seoir* 6685 und meist *veoir*: 22, 177, 1571, 2195 u s. w., *voir* 2553. Dagegen weist A keinen Fall mit *i = oi* des absoluten Personalpronomens auf; es erscheint nur *moi*, *moy* 241, 243, 1096 u. s. w., *toi* 146, 225, 897 u. s. w. B zeigt: *veoir* 8183, 8236, *veïr* 7781, *vir* 7827, *mi* 1712, 7876, *moi* 7610, 619 u. s. w.

§ 52. Für *ego* findet sich bei A häufiger das picardische *jou*, auch wo es nicht betont ist: 96, 109, 142, 254 u. s. w., als *je* 335, 474, 480 u. s. w., während B nur *je* aufweist.

§ 53. Die picardische und ostfranzösische Form des Nominativs des weiblichen Artikels *li* findet sich bei A häufig: 24, 281, 819, 988 u. s. w. Meist jedoch *la*: 57, 77, 85 u. s. w. Daneben zeigt A auch *le* mit picardischem *e*: 2219, 2358, 3606, 5409 u. s. w. Häufiger findet sich *le* noch in den obliquen Casus: 112, 220, 362, 563; indessen überwiegt auch hier *la*: 52, 69, 128 u. s. w. Hingegen ist *le* die ausschliessliche Form des verbundenen weiblichen Personalpronomens: 44, 53, 95, 139, 162 u. s. w. Als einzige Ausnahme steht *la* 140. Ferner zeigen das picardische *e*: *me* 336, 535, 670, *se* 608, 1493, 1763, 2241, 2834, 3708, 5382, 6940. Daneben erscheint auch *a*: *ma* 242, *sa* 141, 190 u. s. w., aber stets *ta* 232, 234 u. s. w. B zeigt als Nominativ *li* 8359, *le* 8381, *la* 8421 u. s. w., als obliquen Casus des Artikels *le* 7595 u. s. w., als Pronomen *le* 7984, ferner *se* 8135.

§ 54. *e* im Accusativ des unbetonten Possessivpronomens nach picardischer Art erscheint bei A nur in *sen* 564, 6940, 7240, während B *men* 7936, *sen* 7867, 8147, 8394 aufweist.

§ 55. Einmal findet sich die picardische Form des Possessivums *tiues* 5555.

§ 56. Dem Nominativ *ecce-iste* wird bisweilen im Picardischen und Wallonischen ein *s* angefügt. Dies ist bei A ausnahmslos der Fall: *chis* 243, 368, *cis* 318 u. s. w. (cf. § 33.) Auch B zeigt *chis* 7857.

§ 57. Im Nominativ des Singular erscheint bei A meist ein secundäres *s*. Ausnahmen: *ber* 1013, *fel* 3573 u. s. w. Die Form *lors* (pl. o.) mit *s* überwiegt: 26, 154, 484, 1693 u. s. w. Es findet sich sogar der Nominativ des Singular *lors* 1467, 5513 u. s. w.

§ 58. Bisweilen zeigt A Flexions- und Rectionsverletzungen. Z. B. der Nominativ des Singular *mont (mundus)* 3495, *roi* 2861; *sergant* (pl. o.) 25; *pris* 43 (aber im Reihenschluss) p. pf. mit vorhergehendem Objekt des Femininums bei *avoir*.

§ 59. Aus der Untersuchung der überlieferten Mundart ergiebt sich, dass die Schreiber unseres Textes Picarden waren, und zwar wird A, wie uns § 23, gestützt auf §§ 9 und 11, an die Hand giebt, dem an das wallonische Sprachgebiet angrenzenden Teile der Picardie angehört haben. Auch §§ 2, 7, 24, 25 weisen nach dem Osten. Die Heimat von B nach §§ 11 und 24 allein näher zu bestimmen, ist nicht möglich.

§ 60. In den mit roter Tinte geschriebenen Capitelüberschriften sind zwei Hände zu erkennen,[1] von denen aber keine die des Textes ist. Von der einen Hand sind die Überschriften auf Bl. 361 v°, 364 v°, 379 v°, 394 v°. In der Überschrift auf Bl. 379 v° zeigt das Praesens *vaut (voloir)*, und *le*, Accusativ des weiblichen Artikels und verbundenes weibliches Personalpronomen, in der auf Bl. 394 v° *le*, Accusativ des weiblichen Artikels, dass der Schreiber Picarde war. Von der zweiten Hand sind die Überschriften auf Bl. 356 v° und 372 r°. Letztere weist durch die Schreibart *Aberon* und das Possessivum *sen* ebenfalls auf einen Picarden hin.

---

1) Von welcher Hand die Überschrift auf Bl. 401 v° ist, weiss ich nicht zu sagen.

II. Ursprüngliche Mundart.

§ 61. Die »Chanson d'Esclarmonde«, die »Chanson de Clarisse et Florent« und die »Chanson d'Yde et Oliue« bis Vers 7644 rühren von einem Dichter her, da die Untersuchung ihrer Sprache viel für, nichts gegen diese Annahme ergiebt (cf. § 172) und in Diction und Versbau völlige Gleichheit herrscht; dagegen ist von Vers 7645 ein zweiter Dichter anzunehmen. (cf. § 174). Unter A werde ich versuchen, die Mundart des ersten, unter B, die des zweiten Dichters zu bestimmen. Ich behandle dazu die Assonanzen[1]) und untersuche, was sich aus der Silbenzahl des Verses für die Sprache des Dichters ergiebt.

A. Die Mundart des ersten Dichters.

1. Assonanzen.

Männliche a-Tiraden.

§ 62. Von den 32 männlichen a- Tiraden sind
T. 2 (35—65), 28 (805—26), 34 (966—94), 36 (1026—54), 42 (1211—40), 49 (1423—50), 60 (1753—81), 63 (1842—70), 72 (2092—2126), 83 (2452—78), 87 (2555—81), 92 (2665—98), 99 (2882—2916), 107 (3087—3115), 109 (3139—51), 115 (3280—84), 118 (3432—72), 124 (3584—3609), 138 (3979—4008), 145 (4188—4216), 147 (4248—83), 151 (4368—97), 164 (4768—92), 172 (4995—5020), 179 (5195—26), 194 5858—96), 206 (6399—6455), 210 (6567—6625), 222 (7298—7333), 231 (7601—32)
Assonanz - Reim - Tiraden,[2]) und nur T. 81 (2400—25), 112 (3185—3235) Reim-Tiraden mit dem Reim a.

---

1) Die Tiraden sind durch die Chansons hindurch fortlaufend numeriert.
2) Unter Assonanz-Reim-Tirade = A : R.-T. verstehe ich eine Tirade, welche sich der Reim-Tirade mehr oder weniger nähert.

§ 63. Gemeinsames Rinarium.

-abbos *s.* gus (*nord.* gabb). -abes *pr. i; fut.* -abet *pr. i; fut.*
-adis *pr. i.* -achios *s.* -adit *pr. i.* vn. -*ale *s. o.* -alem *a. m; a. f.*
-*alem *s. m.* cendal (*mhd.* zendâl). -*ali *a.* -allem *s. m; adv.* alleum
s. o. mall. -*allum *s. o.* vassal. -alum *s. o.* -am *adv.* -ardet *pr. c.*
-ardum *s. o.* lupart; *adv.* -*ardum *s o.* esgurt, estandart, musart; *npr.*
n. Bernart; *npr. o.* Bernart, Guimart, Lombart. -*ardus *npr.* Bernars,
Brohars, Lombars. -*aritum *s.* essart. -*arcos *s.* mars. -arpsus *a.*
escharz. -artem *s. f.* -artit *pr. i.* -*as *npr. n.* Judas; *o.* Thumas; *voc.*
Saternas. -assum *s. o;* *a.* las; *adv.* -assus *a.* -*astum *s. o.* mast. -at
pr. i. -*attos *s.* baras. -*atuit *pr. i.* -*a(vi)aset *imp. c.* -a(vi)sti
(-*a(vi)sti) *pf.* -avit (-*avit) *pf.* -*ecce + hac *adv.* -illac *adv.* — ?
npr. o. Baudas.

§ 64. va (*vadit*) 976 u. s. w. ist für den Dichter gesichert;
ob derselbe daneben *vait* gebrauchte, ist aus der einzigen *ai*-
Tirade 175 (cf. § 69) nicht zu ersehen.

§ 65. Verwechslung von *ai* mit *a* findet sich nicht.

Weibliche *a*-Tiraden.

§ 66. Tir. 67 (1956—84) A: R.-T. [ace-age-aille-are-arge.]
-accam *s.* hace (*nhd.* hacke) 1963, 1976, 1979. -*accet *pr. c.* sace
1962. -*achiat *pr i.* embrace 1983. -*aciam *s.* manace 1974. -aciat
pr. c. face 1964. -*aciat *pr. i.* manace 1978. -aginem *npr.* Cartage 1767.
-*ajulet *pr. c.* baille 1975. -*aliam *s.* bataille 1984. -*aptiat *pr. i.* cace
1969. -argam *s.* targe (*ahd.* zarga) 1959, 1975. -*arrat *pr. i.* embare
1960. -ateam *s.* place 1961, 1977. -atica *a.* sauuage 1957. -*aticum
s. o. auffage 1958, 1966; damage 1965 u. a. m.

§ 67. Tir. 184 (5404-32) A: R.-T. [ace-age-ages-aie-aille-arge.]
-abiem *s. f.* rage 5414; *raie* 5404. -aciat *pr. c.* face 5427, 5431.
-aciem *s. f.* face 5405. -*actiam *s.* trace 5425. -*aculat *pr. i.* trauaille
5424. -aginem *s. f.* ymage 5429. -*apia *a.* sage 5409. -apiat *pr. c.*
sace 5417. -*arica *imper.* carge 5412. -argam *a.* large 5422. -*aticum
s. o. boscage 5426; corage 5408 u. a. m. -*aticum + s. s. n.* damages
5407. -*avigam *s.* nage 5413. -*avio *pr. i.* assouage 5416.

§ 68. In Tir. 67 stehen *embare*, *targe*, in Tir. 184 *carge*,
large dem Eintreten eines *i* nach *a* vor Palatalen und Sibilanten
entgegen.

Männliche *ai*-Tirade.

§ 69. Tir. 175 (5067—94) A: R.-T. [ai-ais-ait-ay.]
-abeo *fut.* aquiterai 5081; conduirai 5091 u. a. m. -actum *p. pf. mit
habere* fait 5067. -adium *a.* bai 5069. -agium *s.* asai 5072. -*agium
s. esmai 5075. -ajum *s.* may 5094 -*ajum *a.* gai (*ahd.* gâhi) 5074; *npr.*
Nicolai 5071. -apio *pr. i.* sai 5076. -ascem *s. m.* fais 5098. -*avi *pf.*
fianchai 5083. -? *s. o.* delai 5068, 5070; rigolai 5073.

§ 70. Wie das Rimarium zeigt, weist diese Tirade keine Mischung von *ai* mit *è* auf, woraus zu schliessen ist, dass für den Dichter *ai* noch diphthongische Geltung hatte. Diese Erscheinung ist für das Picardische erwiesen. cf. § 81.

§ 71. Die 1. sg. fut. ist in 15 Fällen, die 1. sg. pf. der *a*-Conjugation durch *fianchai* als auf -*ai* ausgehend gesichert, ebenso 1 sg. pr. i. *sai*.

Weibliche è-Tiraden.

§ 72. Tir. 43 (1241—70) A: R.-T. [ele-elle-elme-erbe-ere--eres-erre-erse-este.]

-*ator + s *s. n.* salueres 1255. -*atrium *s. o.* repere 1252. -ella *a.* bele 1253. *voc.* belle 1246. -*ella *s.* jouencele 1267. -ellam *a.* bele 1243, 1248, 1256. -*ellam *s.* fontenele 1260. -ellat *pr. i.* aclotele 1244; aridele 1241; ventele 1242. -*elmum *s. o.* elme (*ahd.* helm) 1245. -erbam *s.* erbe 1258. 1268. -erram *s.* terre 1247, 1250, 1257, 1261, 1263, 1266. -ers(i)am *npr.* Perse 1249. -*estam *s.* arreste 1269; tempeste 1254; teste 1264. -esti *a.* honeste 1259. -est(i)am *s.* moleste 1251. -*estum *a.* rubeste 1270. -illam *s.* ancelle 1265.

§ 73. Durch *repere* 1252 zeigt diese Tirade Mischung von *è* mit *ai*; doch lässt sich die ganze Zeile als Interpolation betrachten und kann ohne weiteres wegfallen. Wegen *salueres* 1255 cf. § 82.

§ 74. Tir. 46 (1336—64) A: R.-T. [ele-eles-elle-elme-erbe--ermes-erre-erle-erue-este-estre.]

-aorimas *s.* lermes 1359. -ella *a.* bele 1338, 1342. -*ella *s.* pucelle 1344. -ellam *s.* nouelle 1337. -*ellam *s.* fontenele 1360; maissele 1353, 1362. -*ellam + s *npr. o.* Bordeles 1340. -*ellas *a. n.* beles 1361. -ellat *pr. i.* apelle 1336. -elmum *s. o.* elme 1364. -erbam *s.* erbe 1358. -*erditam *s.* perte 1347, 1350. -erram *s.* terre 1339, 1341, 1352. — -*errat *pr. i.* serre 1348. -*ertam *s.* pouerte 1343, 1346. -*essère *s. o.* estre 1356, -*esta *s.* feste 1354. -*estam *s.* feste 1345; teste 1349. -estem *a. m.* celeste 1355. -*iruat (?) *pr. i.* derue 1351.

§ 75. Auch in dieser Tirade kann durch Streichung von 1359—60 die Mischung von *è* mit *ai* beseitigt werden.

§ 76. Tir. 70 (2036—60) A: R.-T. [aire-ele-elle-erne-erpe-erre.]

-acère *inf.* faire 2057. -aerère *inf.* conquerre 2045; querre 2047; requerre 2041, 2054 -ella *a.* bele 2044, 2056. -ellam *a.* bele 2036, 2059, 2060. -*ellam *s.* fenestrele 2048; maissele 2049. *npr.* Bordele 2037, 2043, 2058. -ellat *pr. i.* apelle 2051. -ernat *pr. i.* gouerne 2038. -*erpam *s.* esquerpe 2046. -erram *s.* terre 2039, 2042, 2050, 2052, 2056. -*erram *s.* guerre 2040, 2053.

§ 77. Will man hier eine reine è... e- Tirade herstellen, so muss *faire* 2057 beseitigt werden, was sich durch Tilgung der entbehrlichen Zeilen 2057 — 60 ermöglichen liesse.

§ 78. Tir. 106 (3059 —86) A: R.-T. [aire-aite-ele-elent-elle--erre-erue-esse-este-ete-iertes.]

-aota *p. pf. mit esse* faite 3074. aerôre *inf.* conquerre 3070. -*atrium *s. o.* repaire 3077, -ella *a.* bele 3061, 3063, 3985; belle 3066, 3078. -*ella *s.* jouencele 3080. -ellam *a.* bele 3081. -*ellam *s.* fenestrele 3079. *npr.* Bordele 3062; Bordelle 3072. -ellat *pr. i.* apelle 3084; reuele 3083; ventelle 3068. -*ellant *pr. i.* martelent 3086. -ello *pr. i.* apelle 3064. -erram *s.* terre 3067, 3071. -*ertas *adv.* ciertes 3059. -*eruat *pr. c.* serue 3082. -essa *s.* presse 3069. -*estam *s.* feste 3065, 3076; teste 3073. -estem *a. m.* celeste 3060, -étam *s. m.* profete 3075.

§ 79. Hier stehen zwei Fälle, *faite* 3074 und *repaire* 3077, einer reinen è... e-Tirade entgegen, die sich nur durch Streichung von 3074—5 u. 3077—8 beseitigen lassen.

§ 80. Keine Mischung von è mit *ai* weist auf: Tir. 160 (4646—72) A: R.-T. [ele-elle-elles-erde-erge-erne-errc--erte-erue-esse-este-estre.]

-ella *a.* bele 4646. -*ella *s.* ceruele 4669; pucelle 4661. -ellam *a.* bele 4656, 4667. -*ellam *s.* fauele 4660; fauelle 4665; pucelle 4671; querele 4655. -ellas *a.* nouelles 4653. -ellat *pr. i.* apelle 4651, 4670; flaiele 4668. -erdam *pr. c* perde 4657. -*erditam *s.* perte 4649. -*ergam *s.* herberge 4650. -ernat *pr. i.* gouuerne 4654, erra *s.* terre 4666. -erram *s.* terre 4658, 4662. 4663. -*errat *pr. i.* serre 4672. -essam *s* presse 4652. -*estam *s.* feste 4648. -extram *s.* destre 4647. -illam *s.* ancelle 4664. -*iruat (?) *pr. i.* derue 4659.

§ 81. Von den 5 è... e- Tiraden zeigt eine gar keine Mischung von è mit *ai*, drei nur je einen leicht zu beseitigenden Fall, und nur eine Tir. zeigt 2 *ai* unter è, die sich aber auch ausmerzen liessen. Da nun § 70 ergab, dass andererseits eine reine *ai*- Tirade vorliegt, wird auch für die è... e- Tiraden Reinheit beansprucht werden dürfen.

§ 82. Das 1255 als Assonanzwort stehende *salueres* könnte andeuten, dass der Dichter bereits die Neigung hatte, ein *é* vor Konsonant mit folgendem tonlosen *e* als è zu sprechen. Aber § 90 weist *empereres*, *leres* u. a. mit *é* auf. So wird man besser durch Tilgung von 1255—6 das anstössige Assonanz-Wort unterdrücken. — Selbst wenn *salueres* dem Dichter zuzuschreiben wäre, würde daraus noch nicht hervorgehen, dass der Mundart des Dichters der Wandel von *lat. e(i)* in gedeckter Stellung zu *ie* fremd war, da ja jüngere Texte auch häufig z. B. *empereires* = *empereres* schreiben, so der Cheltenhamer Galien. Auch *profete*

3075 schliesst *ie* nicht aus, da Vers 3075, wie wir sahen, als später interpoliert betrachtet werden darf. (cf. § 79).[1]

§ 83. Bei *Bordele (Bordeles, Bordelle)* ist eine Vertauschung des Suffixes *-âlum* mit *-ellam* anzunehmen.

§ 84. *profete* 3075, ein Wort aus der Kirchensprache, mit *è* aus *griech.* η, lat. *ē* weist schon das Rolandslied auf. Cf. übrigens § 82.

Männliche é-Tiraden.

§ 85. Sie sind sämtlich Assonanz-Reim-Tiraden, nämlich

Tir. 1 (1—84), 3 (66—97), 12 (287 300), 14 (310 - 40), 17 (407—41), 24 (704—66), 32 (909—88), 35 (995— 1025), 39 (1114—50), 45 (1305 - 35), 51 (1481 - 1512), 54 (1572—1602), 61 (1782—1810), 66 (1929—55), 80 (2357 - 99), 85 (2499 - 2524), 88 (2582—2610), 94 (2739 - 72), 100 (2917—16), 110 (3152—61), 125 (3610 - 36), 135 (3893—3917), 140 (4039—69), 143 (4129 - 58), 150 (4341 - 4367), 155 (4492—4521), 158 (4586—4615), 161 (4673—4702), 163 (4732 - 67), 169 (4912—58), 178 (5146—94), 182 (5305—71), 187 (5521—81), 197 (5952 - 6038), 199 (6080—6109), 214 (6806 66), 217 (6998 7117), 219 (7210 - 45), 224 (7393 - 7465), 226 (7485 - 96), 228 7522—57).

§ 86. Gemeinsames Rimarium.

-abem *s. m.* -abes *s. m. o.* -*ale *s. m. o.* -*alem *a. m.*; *adr.* autretel. -*ales *s. m. o.* -ansus *p. pf.* -apit *pr. i.* -äre (-*äre) *inf.* -äre *s. f. o.* -*arem *s. m.* baceler 67 u. s w.; per. -*äre + s. *inf. n.* -*ari *s.* baceler. -*aris *s. m.* bacelers. -*aro *s. n.*; *o.* ber. -*aro + s. *s. n.* -arum *a.* -*arum *npr.* Guillemer, Guimer, Omer. -atem *s. f.* [amisté 87, pité 90 u. s. w.] -*atem *s. m. n.* abbé -*atem + s. *s. f. n.* -ates *s f. o.* -ati (-*ati) *p. pf.* -ätis (-*ätis) *pr. i.*; *imper.*; *fut.* -ätis *adv.* -atos (-*atos) *p. pf.*; *s.* -atum (-*atum) *p.pf.*; *s.o.* [regné 322 u. s. w.]; *npr.* Duresté(?), Hardré, Honoré, Ydé. -atus (-*atus) *p. pf.*; *s. n.*; *s. o.*; *a. n.*; *adv.*; *npr.* Otés, Sorbarrés, Ydés. -avem *s. f.* -aves *s. f. o.* -éum Dé. -éus Dés. -érat *imp. i.* ert 92 u. s. w.

§ 87. Aus dem Rimarium ist zu ersehen, dass für die Mundart des Dichters das Bartsch-Mussafiasche Gesetz unbedingte Geltung hatte, da sich *amisté*, *pité*, *regné* u. s. w. auch sonst

---

1) Wie gefährlich es ist, auf Grund eines einzigen Assonanzwortes Schlüsse zu ziehen, wird noch immer vielfach verkannt. So auch von H. Bächt: Sprachliche Untersuchung über Huon von Bordeaux, Cassel 1884, welcher S. 11 auf Grund des einzigen Assonanzwortes *requerent*, gebunden mit *è*, schliessen will, dass der Dichter *è* nicht zu *ie* diphthongierte. Es liesse sich nämlich sehr leicht *requerent* in den Infinitiv *requerre* ändern und damit fiele Bächts sowieso bedenkliches Argument weg. Ebenso schliesst Bächt S. 12 aus dem einzigen *aidir*, dass der Dichter *ie* zu *i* zusammenzog, obwohl dasselbe Wort in genau derselben Verbindung in einer *ié*- Assonanz von ihm selbst S. 16 nachgewiesen ist und sich in der fraglichen Stelle sehr leicht *guarir* für *aidir* einsetzen liesse.

finden. § 107 weist *amistiés, pitié, regnié* auf; dagegen fehlt dort *baceliers*, welches sonst neben dem hier belegten *bacelers* vielfach begegnet. Das Imperfectum *ert* ist regelrecht; im Rimarium der männlichen *ié-* Tiraden findet es sich nicht. cf. § 107.

§ 88. Die Schreibung *ostex* mit vokalisiertem *e* ist dem Schreiber zuzurechnen. cf. übrigens § 115.

Weibliche *é*-Tiraden.

§ 89. Von denselben sind Assonanz-Reim-Tiraden:

Tir. 5 (110—39), 21 (536—79), 26 (780—89), 38 (1085–1113), 48 (1395—–1422), 57 (1662–89), 75 (2199—2226), 84 (2479—98), 97 (2827—53), 104 (3008—30), 121 (3554·83), 128 (3700—30), 132 (3812—37), 141 (4070—99),[1]) 166 (4822—50), 174 (5047—66), 203 (6234—85), 205 (6350—98), 215 (6867—6929), 218 (7118—7209), 232 (7633—44).

Nur Tir. 157 (4553—85) und 176 (5095—5116) sind Reim-Tiraden mit dem Reim *-ée*; doch nähern sich auch die übrigen mehr oder weniger einer solchen Reim-Tirade.

§ 90. Gemeinsames Rimarium.

-*alam *pron.* tele. -*alas *a. n.* comuneles. -ara *a.* -ata (-*ata) *p. pf.*; *s* ; *a.*; *npr.* Tenebrée, Ydée. -atam (-*atam) *p. pf.*; *s.*; *a.*; *npr.* Aquilée, Gallilée. -atas (-*atas) *p. pf.* ; *s.* -*atat *pr. i.* -atham *s.* -athas *s.* -*ato *pr. i.* -*ator+*s *s. n.* empereres; *voc.* -atrem *s. m. o.*; *s. f. o.*; *s.f.* *voc.* -*ater +*s *. s. n.* peres. -*atri *s.* frere. -*atro+*s *s. n.*; *voc.* -*atros *s. o. pl.* leres. -a(ve)runt (-*a(ve)runt) *pf.* -èrant *imp. i.*

§ 91. Das Rimarium sichert das Imperfectum *erent*, neben dem die einzige weibliche *ié-* Tirade 68 kein *ierent* aufweist.

§ 92. In *communeles* 3728, *tele* 3729 tritt uns die secundäre Femininbildung entgegen.

§ 93. 3717 erscheint *leres* als Accusativ des Plural.

Männliche *i*-Tiraden.

§ 94. Alle diese Tiraden sind Assonanz-Reim-Tiraden:

4 (98—109), 9 (219—46), 29 (827—52), 37 (1055—84), 41 (1181—1210), 58 (1543—71), 59 (1718—52), 65 (1901–23), 77 (2256–95), 82 (2426—51), 90 (2620—29), 93 (2699—2738), 103 (3002—7), 108 (3116—38), 113 (3236—65), 142 (4100—28), 144 (4159—87), 190 (5646–5707), 221 (7272—97), 225 (7466·84), 229 (7558—75).

§ 95. Gemeinsames Rimarium.

-*aesit *pf.* conquist. -*aesos *p. pf.* -*aesum *p. pf.* -*aesus *p. pf.* -*ecce + hic *adv.* -ecit *pf.* ectos *p. pf.* desconfis. -ectum *s. o.* respit.

---

1) Vers 4099 steht fehlerhaft *arriere* als Assonanzwort.

ĕotus *s. o.* pis; *p. pf.* despis. -c]ēdem *s.* merchi. -c]ēdes *s. o.* -*c]ēni *npr.* Sarrasin. -ēnīt (-*ēnīt) *pf.* -*c]ēnos *npr.* -*g]e(n)se *s. m. n.; s. m. o.* puīs. -*g]e(n)ses *s. m. n.* -e(n)si (-*e(n)si) *p. pf.* -*c]e(n)sis *s.* marcis. -*e(n)sit *pf. prist.* -e(n)ses *p. pf.* -e(n)sum *p. pf.* -e(n)sus *p. pf.* -c]ēre *s. o.* plaisir. -*c]ēre + *s. s. n.* -ĕtio *pr. i.* pris. -ĕtium *s. o.* pris. -*i = ē pron. disj.* mi 1067, 1738, 1740, 2628, 3259, 4170, 4173, 4177, 4185, 5688, 7478; ti 99, 1737, 2625, 7482. -īo *adv.* -ioem *s. f.* pecerris. *s. f. voc.* genitris. -īoi *s.* -*ioium *s. o.* juīs; laris. *a.* traitis. -īoo *pr. i.* -īoos *s.* -*īotos *p. pf.* beneīs. *s.* dis. -*īotum *p. pf.* -*īotus *p. pf.* -*īoulum *s. o.* peril. -ioum (-*ioum) *s.* detri. -ious *s. n; s. voc.* īdi *pf.* vi. -īdit *pf.* -*īdium *a.* demi. īdo *pr. i.* afi. -*īem *s.* -*īem + *s. s. o.* dis. -*īēs *s. o. pl.* dis. *s. n sg.* -īlem *a. m.* gentil. -īles *a. m. o.* gentis 1063 u *s. w.* -īlis *a. m.* gentis 2286, 4118, 4125 u. *s. w.* -īlius *s. voc.* fis 5686. -*īllaeo *pron. disj.* li. -*ille *pron. pers.* -*inem *s. f.* -īnos *s.* sapins. -*īnos *s.* meschins. -īnum (-*īnum) *s. o.; npr.* Hüelin; Rin. *s. n.* meschin. *a. o.* -īnus (*īnus) *s; npr.* Hüelins; Garins. -īquos *a.* -īre (-*īre) *inf.* = ēre *inf.* caīr 2723; seīr 2626, 3128; veīr 1194, 1736, 1739. 2445. -iri *inf.* mentir -*īrios *s.* souspirs. -īritum *s.* Esprit. -*īrium *s.* -*īscit *pr. i.* resplendist -*isēum *s. o.* gris. -īsi *pf.* -isit (-*isit) assist. -*iso *pr. i.* deuis. -isos *p. pf.* ocis. -*īsos *a.* bis. *s.* deuis. -isset *imp. c.* -*īssi *p. pf.* -*issum *p. pf.* -*īssus *p. pf.* -*īsti *pf.* -*īstum *npr.* Jesucrist. *-istus *npr.* -isum (*isum) *s. o.* paradis. *s. n.; p. pf.* -isus (*īsus) *p. pf.; a.* fis. -īti (-*īti) *p. pf.; npr.* Arrabi. -*ītius *s.* abateīs; lanceīs. -ītos (*ītos) *p. pf.; s.* cris; parisis. *a.* arrabis. -*ītti *s.* petit. -*ittos *s.* -*īttum *s. o.; adv.; a.* -ītum (-*ītum) *p. pf.; s.* cri. -ıtus (-*ītus) *p. pf. a.* arrabis, hardis. *s. n.* cris. -īvi (-*īvi) *pf.; a.* hastif. -i(vi)sti *pf.* -ivit (-*īvit) *pf.* -*i(vi)tem (?) *s. f.* cit. -īvo *pr. i.* -īvos *s.* vis 2733. -īvos *a. n.* aidis 1563. *s. o.* caitis 2265 -īvus *a.* caitis 7288 u *s w* ; vis 101, 233, 332, 1545 u. *s. w.* -*īvus *a.* pensis 5659. *a. o. postets 7484. -*īxit *pf.* -*ui *pron. disj.* li 1075, 7561; lui 1192, 2712, 2715 u. *s. w.*

§ 96. Wie das Rimarium lehrt, ist dem Dichter das disjunctive Pronomen der 1. und 2. Person in der Form *mi*, *ti* geläufig. Ob derselbe daneben überhaupt kein *moi, toi* gebraucht , ist aus der einzigen *oi*-Tirade 47 nicht zu erschliessen. cf. § 111.

§ 97. Die Infinitive *caïr, seïr, veïr* sind durch die Assonanzen gesichert. Die *oi*-Tirade 47 zeigt daneben diese Infinitive mit -*oi*- der Endung nicht. cf. § 111.

§ 98. Die Assonanzworte *gentis* (*gentīles a. m. o.*), *gentis gentis* (*gentīlis a. m.*), *fis* (*fīlius voc.*) zeigen, ebenso wie *ostex: é* (§ 88), dass Vokalisation des *l* zu *u* in diesen Worten nicht eintrat. Streng picardische Formen, wie *gentius, fius,* finden sich daneben in den Assonanzen nicht. cf. § 123.

§ 99. Die Endungen- *īvus* (-*īvus), -īvos* (-*īvos*) haben in der Mundart des Dichters -*is*, nicht das streng picardische -*ius* ergeben, wie *aidis, cnitis. pensis, posteïs, vis* beweisen, während daneben -*ius* aus den Assonanzen nicht zu belegen ist. cf. § 123.

§ 100. Die Masculinform des disjunctiven Pronomens der 3. Person *lui* ist der Hs. nach die nahezu allein herrschende; nur zweimal weist das Rimarium die Schreibung *li* auf. Die Bindung der Form zu *i* ist aber dem Dichter geläufig.

§ 101. Die für Lüttich und Artois belegte Wandlung von *ie* zu *i* findet sich nicht, obwohl für die Contraction von *ieu* zu *iu* in den *ü*-Assonanzen ein Fall vorliegt. (cf. § 127.)

Weibliche *i*-Tiraden.

§ 102. Auch diese sind sämtlich Assonanz-Reim-Tiraden: Tir. 31 (879–908), 45 (1603—32), 95 (2773--99), 101 (2947—75), 134 (3865—92), 136 (3919—46), 170 (4954—76), 185 (5433—60), 188 (5582—5623), 196 (5926—51), 204 (6286—6349), 208 (6509-36), 212 (6686—6745), 216 (6930—97).

§ 103. Gemeinsames Rimarium.

-aeclam *npr.* Grisse. -*aesam *p. pf.* quize. -*ecat *pr. i.* prie. -ecta *p. pf* desconfite. egere *inf.* lire. -*egram *a.* entire. -enior *s. voc.* -*enior + s. s. n.* -e(n)sam *p. pf.* -*e(n)serunt *pf.* -ereat *pr. c.* mire -etiat *pr. i.* prise. -ia *npr. voc* Marie. -*ia *s n.; s. voc.* -iam *npr.* -*iam *s. npr.* Candie; Elye; Hongrie; Nubie; Pauie; Orcanie; Persie; Rommenie; Roussie; Ydorie. -*iat *pr. i.* espie; umelie. -ibere *inf.* -ica *s.* pie. *s. voc.* amie. -icam *s.; pr. c.* die. -icat *pr. c.* -*icat *pr. i.* -icere *inf.* -ices *s. f. o.* norices. -*ico *pr. i.* otrie. -ictam *p. pf.* -*idant *pr. i.* rient. -*idat *pr. i.* gule. *pr. c.* deffie; rie. -iderat *pr. i.* desirre. -idere *inf.* -*idere *inf.* rire. -*id(i)am *s.* enuie. *a.* demie. -idit *pr. i.* fie. -ido *pr. i.* affie. -*igam *s.* hie (*ags.* hige). -*icham *a.* riche (*ahd.* rîhhi). -*ilium *a. m.* nobile. -ilia *s. n.; s. voc. num.* mile. -iliam *s.* -*ilius *a. m.* nobiles. -*illam *s.* ville. -ina (-*ina) *s.* -inam (*inam) *s.* -*inas *s.* poitrines. -inat *pr. i.* encline; sousuine. -*incipi *s.* prince. -indecim *num.* quinze. -ipam *s.* riue. -iquam *a.* -iram *s.* ire. -*irat *pr. i.* descire; souspire; tire (*got.* tairan). -*isa *p. pf.* assise. -*isam *a.* bise *s.* deuise. *p. pf.* assise. -*isat *pr. i.* brise; desguize; deuize. -*iscant *pr. i.* bondissent; esioïssent. -*iserunt *pf.* misent. -*islam *s.* faintize. -*issa *p. pf.* -*issem *imp. c.* -*issent *imp c.* -*isset *imp c.* -ita (-*ita) *p. pf.;* *a.* mescreïe; paienie. -itam *s.* vie. *p. pf.* -*itam *p. pf.;* *a.* hardie; païenie; quennelie. -itant *pr. c. i.* escrïent. -itas *s.* vïes. -*itas *p. pf.* -itat *pr. i.* crie. -*itia *npr.* Clarisse. -itiam *npr.* -*iva *npr.* Oliue. -ivam *s.* caitiue. -*ivam *s.* estriue. -ivere *inf.* -*iverunt *pf.* -*j(u)tam *s.* aïe. -*j(u)tet *pr. c.* aïe. -ucere *inf.* deduire. -yrium *s. o.* martire. -*ion]ata *s.* maisnie 6335, 6523. *p. pf.* mit esse -c]ata coucie 5455, 5586; -*ca]ta descargie 3868; jonchie 5617; -*co]ata sacie 6727; -*ot]ata alaitie 905; -*o(n)l]ata aparellie 1618; aparillie 2967, 5587, 5597; -*di(o)]ata assegie 6935; -*e]ata lancie 6526; -*g]ata esmaïe 2780, 3865 u. s. w. gn]ata ensaignie 6731; -*i]ata adrecie 1629, 5944; comencie 6971, 6941; aprocie 6945; baptizie 1016; brisie 3871; cangie 6958; despoullie 6729; drecie 4954, 4959; efforcie 3871; enforcie 5608; esclairie 3887; eslongie 1625, 3886; essaucie 1631, 5936, 6348; glacie 906, 1624. -ïc]ata desploie 5934; -*ne]ata brignie 6518; -x]ata laissie 6306. -*ion]atam *s.* maisnie 4956, 4962. *p. pf.* als *a.* -*e]atam atracie 3889; embroncie 6939; trenchie 6978; trensie·

6710 u. s. w. -*oo]atam saoie 6932; -*g]atam rengie 6937; -*i]atam drecie 4963; froissie 5609; rëongnie 4966, 5610. *p.'pf.* mit habere -*o]atam encarcie 2796; encargie 3884; -*oo]atam sacie 3921 u. s. w.; -*o(u)l]atam aparillie 6525; desueroullie 5605; -*di(o)a]tam mengie 1615, 1623; -*i]atam adrecie 6944; baisie 6830; commencie 6953; couoitie 3938; depecie 4969; drecie 5601 u. s. w; nochiie 5441; percie 6947; -io]atam desploie 5607; x]atam laissie 5949 u. s. w. *p. pf. mit esse* -*c]atas troncie[s] 3879. -*aetas lies 5622.

§ 104. Das Rimarium zeigt *ie = iée, ies = iées* in folgenden Worten: *adrecie, alaitie, aparellie, aparillie, aprocie, assegie, baignie, baisie, baptisie, brisie, commencie, coucie, couoitie, depecie, descargie, desploie, despoullie, desueroullie, drecie, efforcie, encarcie, encargie, enforcie, ensaignie, esclairie, eslongie. esmaïe, essaucie, froissie, glacie, laissie, lancie, lies, maisnie, mengie, nochiie, percie, rengie, rëongnie, sacie, trencie, troncie[s].* Die einzige weibliche *ié*-Tirade 68 weist daneben kein *-iée, iées* auf. cf. § 110.

§ 105. Sonstige Wandlung von *ie* zu *i* findet sich ebensowenig wie in den männlichen *i*-Tiraden.

Männliche *ié*-Tiraden.

§ 106. Sie sind insgesamt Assonanz-Reim-Tiraden:
Tir. 7 (166—91), 10 (247–63), 11 (264—86), 13 (301–9), 16 (372—406), 18 (442–57), 22 (580–677), 27 (790—804), 56 (1633–61), 79 (2326—56), 91 (2630—64), 105 (3031–58)[1]), 127 (3666—99), 129 (3731—53), 139 (4009—38), 148 (4284—4513), 149 (4314—40), 152 (4398—4427), 154 (4458—91), 156 (4522—52), 165 (4793—4821), 167 (4851–79), 171 (4977—94), 173 (5021—46), 177 (5117—45), 180 (5227–59), 192 (5764—97), 200 (6110—83), 202 (6207—33), 207 (6456—6508), 211 (6626–85), 223 (7334—92).

§ 107. Gemeinsames Rimarium.

-aelum *s.* -aero *pr. i.* -aeti *a.* -aetos *a.* -aetum *a.* -aetus *a.* o]anis *s.* -*o]apum *s.* -*o]apum + s *s. n.* -*ati(o)n]are *inf.* -o]are (-*o]are) *inf;* *adv.* -*oo]are *inf.* -*o(i)t]are *inf.* -ct]are (-*ot]are) *inf.* -*o(u)l]-are *inf.* -di(o)]are (-*di(o)]are) *inf.* -e]are (-*e]are) *inf.* -ĕo]are *inf.* -ĕg]are *inf.* -*g]are *inf.* -g(i)t]are *inf.* -gu]are *inf.* gn(i)t]are *inf.* -i]are (-*i]are) *inf.* -io]are (-*io]are) *inf.* -ig]are (-*ig]are) *inf.* -*j(u)l]are *inf.* -j(u)t]are *inf.* -x]are *inf.* -c]ari *a.* -ĕc]ari *inf.* -i]ari *inf.* -*arie + s. *adv.* -aril (-*aril) *s. n.; voc.; npr.; a.* -arios (-*arios) *s; num.* -arium (-*arium) *s. o.; voc.; npr.; a.* -arius (-*arius) *s. n.; voc.; npr.; a.; num.* -o]arum *a.* -o]arus *a.* -iet]atem *s.* pitié 3677; pitiet 457 u. s. w. -c(i)t]atem + s. *s.* amistiés 4820. -c(i)t]ates *s. f. o.* amistiés 6147.

---

1) Vers 3044 weist fehlerhaft als Assonanzwort *bers* auf. Zwar bringt Godefroy zwei Belege für *biers* als Assonanzwort; doch ist der eine aus dem anglonormannischen Horn (4582, Michel), der andere aus Parise 1529, A. P. zeigt *biers* in einer *é*-Tirade.

-di(c)]ati (-*di(c)]aṭi) *p.pf.* -*e]ati *p.pf.* -*g]ati *p. pf.* -g(i)t]ati *p. pf.*
-*i]ati *p pf.* -c]atis *imper.* -*cc]atis *imper.* -*o(i)t]atis *imper.* -*ct]atis
pr. .i -*c(u)l]atis *imper.* -di(c)]atis (-*di(c)]atis) *pr. i.* -e]atis *pr. c.*
-eb]atis *imp.i.* encargiés 3685. -*g]atis *imper.* -i]atis (-*i]atis) *imper.;*
pr. c.; imp. c. -*ic]atis *imper.* -j(u)t]atis *imper.* -x[atis *imper.* -*c]atos
p. pf.; s. -*oc]atos *p. pf.* -*di(c)]atos *p. pf.* -*e]atos *p. pf.* -*g]atos
p. pf. -gu]atos *p. pf.* -i]atos (-*i]atos) *p. pf.* -ic]atos *p. pf.* -c]atum
(-*c]atum) *s; p. pf.* -cc]atum (-*cc]atum) *s.; p. pf.* -*o(i)t]atum *p pf.*
-*ct]atum *p. pf.* -*o(u)l]atum *p.pf.* -di(o)]atum (-*di(o)]atum) *a; p. pf.*
-e]atum (-*e]atum) *s.; p. pf.* -ĕc]atum *p. pf.* -gu]atum *s. o.* regnié.
173 u.s.w. -i]atum (-*i]atum) *p. pf.* -*ic]atum *p. pf.* -ig]atum
(-*ig]atum) *p. pf.* j(u)t]atum *p pf.* -x]atum *p.pf.* -*cc]atum + s. s.n.
-c]atus (-*c]atus) *s.; p. pf.* -*cc]atus *p. pf.* -*o(u)l]atus *p. pf.*
di(o)]atus *a.; p. pf.* -e]atus (-*e]atus) *s.; p. pf.* -ĕg]atus *p. pf.*
-g(i)t]atus *p.pf.* -i]atus (-*i]atus) *p.pf.; s.* -*ic]atus *p. pf.* -j(u)l]atus
p. pf. -j(u)t]atus *p. pf.* -*ec + entem *adv.* -*ĕculum *a.* -ĕdem *s.*
-*ĕdem + s *s. n.* - des *s. o.* -ĕdet (-*ĕdet) *pr.i.* -*ĕdit *pf.* entendie[t]
182. -*ĕgros *a.* -*ĕgram *a.* -*ĕgrum + s *a. n.* -*ĕhos *s.* fiés. -*ĕhum
s. o. -*ĕlum *npr.* -*ĕm + s *pr. indef* -ĕne *adv.* -ĕneo *pr. i;* ĕnet
pr. i. -ĕnit *pr. i.* -*ĕrem *s. f.* -*ĕrem + s *s. f. n.* -*ĕres *s. f. n. pl.*
-ĕri *a.; adv.* -*ĕrios *s.* -*ĕrit *pr. i.; fut.* ert 631 u. s. w. -*ĕrium
(-*ĕrium) *s. o.* -*ĕrium + s *s.* -ertium *num.* -ĕrum *a.* -ĕrus *a. o.; voc.*
-*ĕtos *s. o. pl.* -ĕtro *adv.* -*ĕtum *s. o.* -ĕtus *a. m. o. sg.; a. f. o. sg.;*
a. f. o. pl. viés; *npr. o.* Roceviés. -*ĕvum *s. o.* relief. -c](op)atus *s.o.pl.*

§ 108. Gesichert ist durch die Assonanz (wie auch durch
das Metrum cf. § 166) die Einsilbigkeit de *ie* in der 2. pl. imp.
i. *encargiés* 3685.

§ 109. Das Futurum *ĕrit* weist *ie* auf; daneben zeigt § 86
kein *ert*.

Weibliche *ié*-Tiraden.

§ 110. Sie sind nur vertreten durch die Assonanz-Reim-
Tirade 68 (1985—2012).

Rimarium.

-*aria *s.; a.* -*ariam *s.; a.* -*arius *a.* trecieres. -*ĕgram *a* -ĕtro *adv.*
arriere, derriere. -ĕtrus *npr.* Pieres. -ĕvat *pr. i.*

Männliche *oi*-Tirade.

§ 111. Tir. 47 (1365—94) A: R.-T. [oir-ois-oit.]

-ebat *imp. i.* aperchoit 1375, 1389; auoit 1309 u. a. m. *cond.* feroit 1391;
troueroit 1387. -*ĕbat *imp. i.* aceminoit 1376; anuitoit 1372 u. s. m.
-*e(u)sem *npr.* Bordelois 1377. -*ĕre *s. o.* pooir 1381. -*īat *pr. c.* soit
1379. -idet *pr. i.* voit 1368, 1378.

§ 112. Das Rimarium weist nur secundäres *oi* mit sich
selbst gebunden auf.

Männliche *au*-Tirade.

§ 113. Tir. 58 (1690—1717) [aus-ax aut-iaus-iax.]
-**ales** *a. f. o.* temporax 1693. -*ales *s. m. o.* cendauꜱ 1706; murax 1699; ostauꜱ 1709. *a. m. o.* corauꜱ 1708. *a. f. o* ꜱarraꜱinauꜱ 1711. -**aliꜱ** *a. m.* loiaus 1695; principax 1097. *a.f.* naturax 1691; principax 1690. -*aliꜱ *s. m.* aiournax 1704. *a. f.* communax 1698. *a.f.o.* criminax 1703. -*alloꜱ *s.* ceuaus 1705, 1712; vaus 1702. -**altum** *adv.* haut 1714. -*altum *s. o.* assaut 1692. -*ecce+illoꜱ *pron.dem.* chiaus 1701. -*elloꜱ *s.* bastiax 1694; castiax 1696, 1713; *jouen(en)chaus* 1760; nauiaus 1707. -ellum+ꜱ *s. n.* castinx 1710.

§ 114. In *chiaus* 1701 hat sich aus *il + Konsonant* nicht *eu* sondern picardisch *au (iau)* entwickelt. In der Mundart des Dichters ergiebt also *al, el* und *il + Konsonant* denselben Laut.

§ 115. Aus dem Rimarium ist zu schliessen, dass *l+Konsonant* vokalisiert wurde nach *a, e, i*. Dasselbe ergiebt eine *ü*-Assonanz für *l+Konsonant* nach *ae*. (cf. § 124). Die *é*- und *i*-Assonanzen ergeben dagegen, dass compliciertes *l* nach *a* und *i* entweder Konsonant blieb oder völlig verstummte. (cf. §§ 88 u. 98).

Männliche *ó (ou)*-Tiraden.

§ 116. Sie sind sämtlich Assonanz-Reim-Tiraden:
Tir. 8 (192—218), 19 (458—524), 23 (678—703), 33 (934—65)[1]), 40 (1151—80), 71 (2061—91), 86 (2525—54), 96 (2800—23), 117 (3400—28), 119 (3473—81), 120 (3582—3506), 126 (3637—65), 131 (3781—3811), 137 (3947—3978), 146 (4217—47), 162 (4703—31), 193 (5798—5857), 198 (6039—79), 209 (6537—66).

§ 117. Gemeinsames Rimarium.
*abunt *pr. i.; *fut.* -*acunt *pr. i.* -adunt *pr. i.* -o(h)ortem *s.f.* *-ollum *npr.* Raoul. -ömeꜱ *s. o.* ömo *s.; *pron. indef.* -ön *adv.* -ondit *pr. i.* -*endum *a.* -önem (-*önem) *s. m.; *s. f.; *s.f. n.; *npr.* Charlon, Droon, Guion, Fagon, Huon, Oton, Ouedon, Pierron, Sanson, Simeon, Simon, *adv.* enuiron. -*önem+ꜱ *s.f.n.* -öneꜱ (-*öneꜱ) *s. m. o.* -*öni *s. n.; *voc.; *npr.* Bourguignon, Frison. -*önium *s. o.* besong. *a. o.* gascong. -önoꜱ *a.* -ontem *s. m.; *adv.* -önum (-*önum) *s.; *npr.* Aberon, Arragon, Auberon, Barsillon, Prenoiron, Mabon, Mahon, Malabron, Montargon, Rouinꜱon, Terragon. -önum *s.; *a. neutr.* -*önuꜱ *npr.* Auberons, Malabrons. -örat *pr. i.* -örem (-*örem) *s. m.; *s. f.; *comp. f.* -öreꜱ *s. m. o.; *s. f. o.* -*öri *s.; *comp.* -*örum *s. o.* demour. *a. m. o.* anclenour. *a. f. o.* païenour. -öꜱ *pron. diꜱj.* -öꜱus (-*öꜱus) *a.* -öti *s.* tout. -ötoꜱ *s.* touꜱ. -*úm *npr.* Carphanaon. -umpit *pr. i.* -*umuꜱ *pr. i.; *imper.; *fut.* -unde (= tunc) *adv.* -undit *pr. i.* -undum *s.; *a.* -unt *pr. i.* -*urnoꜱ *s.* -urnum (-*urnum) *s.* four, jour. -*urnuꜱ *s.* -urrim *s. f.* urꜱum *s. o.*

---

1) V. 961—63 haben den Assonanzvokal *a*. Durch Umstellung den Assonanzvokal *ó (ou)* zu erhalten, ist nicht möglich. Wohl aber wird es leicht möglich sein, den V. 964 u. 965 auch einen a- Ausgang zu geben und dann 961—5 zur *a*-Tirade 34 zu ziehen, wofür auch der Inhalt spricht.

§ 118. Das Rimarium ergiebt, dass der Dichter noch kein *nasales o* sprach. Dies bestätigt auch § 120.

Weibliche *ó(ou)*-Tiraden.

§ 119. Von den hierher gehörigen Tiraden ist Tir. 25 (767—79) Assonanz-Tirade, Tir. 20 (525—35)[1]) nahezu Assonanz-Tirade, Tir. 183 (5372–5403) Assonanz-Reim-Tirade.

§ 120. Gemeinsames Rimarium.

-*aunitam *s.* -a(v)unculum *s.* -ŏmam *npr.* Romme. -ŏminem *s.* -ŏmines *s. o.* -*ŏmini *s. n.* -ŏmites *s. o.* -omp(u)tem *pr. c.* -ŏna *a.* -ŏnam *a.* -ŏnam (-*ŏnam) *s ; npr.* Cassonne, Nerbonne, Terragonne. -ōnas *s.* -*ŏnat *pr. i.* arraisone. -*onda *a.* blonde. -*ondam *a.* -*ŏnĕre *inf.* semonre.. -*onginet *pr. c.* eslongre. -*ŏniam *s.* besongne. *npr.* Catelongne, Terrascoingne. -*ontra *s. o. sg.* encontre. -ornant *pr. i.* tournent. ornat *pr. i.* ктourne. -*ŏsant *pr. i.* goulozent. -*otundat *pr. i.* sorronde, -ultra *adv.* -ummam *s.* -undam (-*undam) *a.* parfonde. *npr.* Esolarmonde; Gironde. -undas *s.* -undĕre *inf.* fondre. -undiam *s.* vergongne. -*ungarum *s.* hongre. undum *s.* -*unquam+s *ndv.* -*urnat *pr. i.* seiourne.

§ 121. Formen der ersten Person des Plural auf -*mes* weist das Rimarium nicht auf; dagegen enthalten die männlichen *ó(ou)*-Tiraden zahlreiche Beispiele für die erste Person des Plural mit einsilbiger Endung.

Männliche *ü*-Tiraden.

§ 122. Sie sind sämtlich Assonanz-Reim-Tiraden:

Tir. 44 (1271—1304), 74 (2165—98), 89 (2611—19), 98 (2854—81), 114 (3266–79), 122 (3528–53), 133 (3838-64), 168 (4880—4911), 220 (7246–71).

§ 123. Gemeinsames Rimarium.

-aelos *s.* chius 1303. -ū *pron. pers.* -uces *s. o.* dus. -*ūcum *s. m. o.* bu (*ahd.* bûh). -*uit *pf.* aparut, aperchut, fu, rechut. -*úm *npr. o.* Cahu, Jesu. -ūnus *npr.* Malabruns. -ūrum (-*urum) *s.* mur. *npr.* Monmur. -u(r)sum *adv.* -ūrus *a.* sĕurs. -us *comp.* plus. -*ús *npr. n; voc.* Jesus. -ūsus *a.* confus. -ūtem *s. f. o.* -*ūtem+s. *s. f. n.* -ūtes *s. f. o.* -ūtet *pr. c.* aiut. -ūti (-*úti) *a; p. pf.* -*ūtos *p. pf.* -*ūtem *p. pf.*. [aperchiut 2863]. *adv.* menu. -ūtus (-ūtus) *p pf.* [aperchius 2857, recius 2862].

§ 124. *chius (caelos)* 1303 zeigt den picardischen Übergang von *ieu* zu *iu*; doch findet sich die Bindung *iu : u* nur hier.

§ 125. Die Schreibweise der Participia *aperchius* 2857, *aperchiut* 2863, *recius* 2862 mit wallonischem *iu* lässt sich als der Sprache des Dichters entsprechend nicht nachweisen (cf. § 23.)

---

1) V. 525: Du conte Hüe aitant vous lairons, welcher durch den Initial D den Beginn der Tirade bezeichnet, gehört seinem Assonanzworte nach noch zur vorhergehenden Tirade.

Weibliche *ü*-Tiraden.

§ 126. Hierher gehört allein die Assonanz-Reim-Tirade 69 (2013—35) [ue-ües-ure.]

-*ücam *s.* machue. -ügas *s.* rües. -*ugo+s *npr.* Hües. -üram (-*üram) *s.* couture, alëure. -*äta *p. pf.* -*utam *a; p. pf.* -*ätas *s.* rendües; *p. pf.* -ütat *pr. i.* aiue.

Männliche *a(e)ₙ* - Tiraden.

§ 127. Da von den 25 hierher gehörenden Tiraden 10 keine Mischung von *aₙ* und *eₙ* aufweisen, 15 Tiraden dagegen eine solche in mehr oder weniger starker Weise zeigen, da sich ferner die Tiraden ohne Mischung durch den Text zerstreut finden, so werden wir am besten eine Überarbeitung des ursprünglichen Gedichtes annehmen. •

§ 128. Nur *eₙ* zeigen die Assonanz-Reim-Tiraden 6 (140 - 65), 78 *(2296—2325)* und die Reim-Tiraden 64 (1871—1900), 76 (2127—55), 111 (3162—84), 116 (3385 - 99), 121 (3507 - 27), 213 (6746 - 6805), 230 *(7576 - 7600).*

Gemeinsames Rimarium.[1]

-endat *pr. c.* deffen 145. -ende *imper.* entent 2322. -endet *pr. c.* ament 141. *pr. i.* apent 1878 u. s. w.; resplent 2318. -endit *pr. i.* rent 152; tent 160 u. a. m. -ënitum *a* gent 157, 2244 u. s. w. -ente *adv.* bonement 154; doucement 153 u. a. m. -entem *s. f.* gent 1873 u. s. w. *s. m.* dent 6750; present 3181 u. s. w. *adv.* noient 2248 u. s. w.; present 6783, 7580. -*entem *s. f. n.* gent 165 u. s. w. *npr. o.* Chinent 161; Florent 147 u. s. w.; Vincent 7599. *a. m. n.* omnipotent 3398. -entes *s. f. o.* gens 144. -*enti *a.* dolant 1881 u s. w.; pullent 1891. *s.* gent 2319; parent 6792. -entit *pr. i.* consent 2241. -*entit *pr. i.* desment 1888; ment 6797. -*entos *s.* tenemens 151 -entum *s. o.* argent 150 u. s. w.; talent 146 u. s. w. *num. o.* cent 156 u. s. w. -*entum *s. o.* arrestement 154 u. s. w.; mandement 155 u. s. w. *a. o.* dolent 3174; pullent 6747. *a. voc.* 6756. *npr. o.* Jouuent 2240. -*entum+s *s. n.* argens 164. -indit *pr. i.* fent 6752. -intus *adv.* laiens 2310. -oenitet *pr. i.* repent 6759.

§ 138. Nur *aₙ* zeigt die Assonanz-Reim-Tirade 189 (5624— —45) [ans-ant].

-*ancus *a.* frans 5635. -ando *ger.* desirant 5638; honorant 5634; nagant 5627. -*ando *ger.* merciant 5628; parlant 5637 u. a. m. -*andum *s.* garant 5625; viuant 5633, 5636. -ante *adv.* auant 5642. -*antem *s. n.* amirant 5629; combatant 5643. *npr. o.* Teruagant 5631. *a. m.* joiant 5624. *p. pr. f.* luisant 5626. *adv.* errant 5640. -anti *s.* auquant 5641. -antum *adv.* tant 5630. -*entum *a.* dolant 5645.

---

1) Da ich es nachträglich für besser hielt, für die genannten Tiraden ein gemeinsames Rimarium aufzustellen, musste ich die §§ 128—137 zu einem zusammenziehen, ohne dass es mir noch möglich war, von da ab eine andere Zählung einzuführen.

§ 139. *Dolant* kommt nach P. Meyers Untersuchung »An et en toniques« S. 273 (in den »Mémoires de la Societé de Linguistique de Paris«) bei der Scheidung von a_n und e_n ebensowenig in Betracht wie *covunt, escient, noiant, orient, sans, serjans, tulans, tans.*

Die folgendenTiraden weisen Mischung von a_n und e_n auf; doch lässt sich dieselbe mehr oder weniger leicht beseitigen.

§ 140. Tir. 30 (853—78) A: R.-T. [ans-ant-en-ent.]

-**andis** *a. f.* grans 853. -*antem *p. pr. m. n.* viuant 871. *a. m. o.* vaillant 874. -**ende** *imper.* enten 867. -**endit** *pr. i.* atent 858; prent 854, 862. -**önitum** *a.* gent 857, 870, 871. -**ente** *adv.* coiement 872 u. a. m. -**entem** *s. f.* gent 868. *npr.* Climent 864. *adv.* noient 859; present 877. -**entum** *s. o.* argent 878. -*entum *s. o.* apensement 866; mandement 856; tourment 665.

§ 141. Diese Tirade ist bis auf *grans* 853, *viuant* 871, *vaillant* 874 eine reine e_n - Tirade. 853 und 871 lassen sich streichen und 874 mit 875 so zusammenziehen, dass *vaillant* wegfällt.

§ 142. Tir. 50 (1451–80) A: R.-T. [ant-ens-ent.]

-*ando *ger.* fuiant 1454; regardant 1452. -**endet** *pr. i.* apent 1468. -**endit** *pr. i.* descent 1454 u. a. m. -**önitum** *a.* gent 1479. -**ente** *adv.* forment 1451, 1453, 1458; isnclement 1462 -**entem** *adv.* noient 1471, 1478, 1480. *s. f.* gent 1460, 1465. -*entem *s. f. n.* gent 1470, 1475. -*enti *a.* pullent 1468. -*entos *s.* casemens 1461. -**entum** *s. o.* firmament 1464; vent 1456. *num. o.* cent 1469. -*entum *s. o.* assamblement 1466 u. a. m. -*entum (?) *npr. o.* Bocident 1463. -**intus** *adv.* ens 1457.

§ 143. Soll hier eine reine e_n - Tirade hergestellt werden, so ist nur *regardant* 1452 und *fuiant* 1454 zu entfernen, was durch Streichen von 1452 und Zusammenziehen von 1454—6 zu zwei Versen bewirkt werden kann.

§ 144. Tir. 52 (1513—1542) A: R.-T. [ans-ant-ent.]

-**andes** *a. f. o.* grans 1529. -**ante** *adv.* auant 1517. -*antem+s *s. n.* marchans 1516. -**endit** *pr. i.* entent 1541; prent 1515, 1532, 1534. -*öni-tum *a. n.* gent 1526. -**ente** *adv.* bonement 1540 u. a. m. -**entem** *adv.* noiant 1514, 1519. *s. m. o.* present 1533, 1536. *npr. m.* Climent 1521. *s. f.* gent 1522, 1524, 1530, 1542. -**entum** *s. o.* argent 1528; talant 1518; talent 1539. -*entum *s. o.* commandement 1520. *npr. o.* Jouent 1538.

Durch Spaltung der Tirade in zwei Teile erhalten wir von Vers 1513—19 eine a_n - Tirade, von Vers 1520—42 eine *ent*-Tirade. Beide Teile sind jedoch nicht vollständig rein.

§ 145. Tir. 52a (1513—19) A: R.-T. [ans-ant] zeigt 1513 *briement* und 1515 *prent*, doch lässt sich 1513 durch Umstellung *marcheant* in die Assonanz bringen und 1515 streichen. *Noiant, talant* geben nach § 139 zu keinen Bedenken Anlass. Eine analoge kurze Tirade ist Tir. 103 (3002—7.)

§ 146. Tir. 52 b (1520—42) R.-T. [ent] bietet als einziges Wort auf *an*: *grans* 1529; doch können 1529 und 1530 ohne irgend welchen Schaden für den Zusammenhang wegfallen.

§ 147. Tir. 62 (1811—42) A : R.-T. [ans-ant-ent.]
-andem *a. f.* grant 1858. -andis *a. m.* grans 1835. -*ando ger.* atendant 1834 u. a. m. -*andos s.* commans 1821, 1826. -*andum s. o.* commant 1840; garant 1822, 1828. -ante *adv.* auant 1824, 1829; deuant 1833. -*antem adv.* errant 1831, 1837, 1839; maintenant 1813, 1825. *npr.* Abilant 1817. -*antem+s* joians 1818; vaillans 1811. *p. pr. m. n.* conuersans 1816; pesans 1812. -*anto pr. i.* creant 1827. -ante *adv.* errumment 1823; malement 1815. -entem *s. m.* ensiant 1819. *s. f.* gent 1836. *adv.* noiant 1830. -*entus a.* dolans 1814.

§ 148. Diese Tirade ist bis auf *malement, erramment, gent,* eine reine *a.* - Tirade, da *dolans, ensiant, noiant* nach § 139 auch in *a.* - Tiraden zulässig sind. Durch Zusammenziehung von 1815 und 1816, Abänderung von *erramment* in *errant* 1723 und Streichung von 1836 liessen sich jene drei Worte auf *en* beseitigen.

§ 149. Tir. 181 (5260—5304) A : R.-T. [ans-ant-ens-ent.]
-*antem a. m.* auenant 5260. -endit *pr. i.* descent 5272, 5290. -*enitus a.* gens 5302. -ente *adv.* aigrement 5291 u. a. m. -entem *s. m.* esslent 3298. *s. f.* gent 5261 u. s. w. *adv.* noiant 5264, 5267; noient 5262, 5269. -*entem s. f. n.* gent 5304. *npr.* Florent 5303. -*entem+s npr. n.* Florens 5285. -enti *a.* sanglent 5275. -*enti a.* pullent 5288. -entit *pr. i.* consent 5299. -entum *s. o.* talent 5289; tourment 5293, 5301. *num. n.* cent 5277. -*entum s. o.* casement 5282; dessoiurement 5300; tenement 5281. *a.* dolant 5279; pullent 5266. -*entus a.* dolans 5287. -inde *adv.* souent 5283. -indit *pr. i.* fent 5286. -*innum+s s. o.* sens 5260.

§ 150. Diese Tirade ist bis auf *auenant* 5260 eine reine *e.* - Tirade; doch lassen sich *au gent cors auenant* ohne Bedenken zu *a l'auenant cors gent* umstellen.

§ 151. Tir. 195 (5897—5925) A : R.-T. [ant-ens-ent.]
-andem *a. f.* grant 5914. -endet *pr. i.* pent 5904. -endit *pr. i.* prent 5900. -ente *adv.* briement 5910 u. a. m. -entem *s. m.* present 5903, 5908. *npr.* Orient 5916. *s. f.* gent 5902 u. s w. *adv.* noient 5897. -*entem npr.* Florent 5901, 5925. *s. f. n.* gent 5899. -*entem+s npr. n.* Florens 5917. -*enti s.* vestement 5915. -entum *s. o.* argent 5920. *num o.* cent 5922. -*entum s. o.* carolement 5913; marlement 5906; taburement 5912.

§ 152. Streicht man 5914, was bei Ersetzung der voraufgehenden *tel* durch *grant* möglich ist, so verschwindet die Mischung auch hier.

In den folgenden Tiraden lässt sich dagegen die Mischung von *a.* und *e.* nicht beseitigen, ohne dass dadurch dem Texte Gewalt angethan würde.

§ 153. Tir. 15 (341—71) A: R.-T. [anch-ans-ant-ens-ent]
-*ancus *a*. frans 345,367. -andem *a.m.* grant 351. *f.* 362. -*ancie(=-ando)
pr. i. demanch 358. -ando *pr. i.* demant 360, *ger.* calengant 368 u. a.
-*ando *ger.* corant 369 u. a. m. -*andum *s. o.* auferrant 342, 370. -*antem *a. m.* poissant 361 *f.* vaillant 355. *p. pr. m.* disnant 347; sachant
341; viuant 357. *adv.* maintenant 359. -*antem+s *a. m. n* plaissans
346. -*antum *s. o.* brant (*ahd.* brant)371. -ente *adv.* ensement 352 u a.m.
-entum *s. o.* maltalent 364. -*entum *s. o.* aïrement 365; piument 349.
-intus *adv.* dedens 344.

§ 154. Tir. 102 (2976—3001) A: R.-T. [ans-ant-ent.]
-*ancus *a.* frans 2976. -andes *a. m. o.* grans 2983. -ando *ger.* menant
3000; plorant 2992. -*ando *ger.* arrengant 2978; ceuauchant 2997. -ante
adv. auant 2985; dorenauant 2994. -*antem *s. m* combatant 2984. *adv.*
maintenant 2979, 2996. -*antem+s *a.m.n.* poissans 2991; vaillans 2977.
s. m. n. manans 2992. -*anti *p. pr.* apendant 2998. antum *adv.* tant
3001. -empus *s.o.* tans 2993. -ente *adv.* bonement 2987 u. a. m. -entum
s.o. talent 2980, 2988. -*entum *s.o.* commandement 2999; jugement 2989.

§ 155. Tir. 130 (3754—80) A: R.-T. [anc-ans-ant-ent.]
-andit *pr. i.* espant 3764. -*ando *ger.* atendant 3771 u. a. m. -*anguem
s. m. sanc 3778. -ante *adv.* auant 3756, 3762, 3770; deuant 3761. -*antem *p. pr. m.* ardant 3763; trencant 3760. *p. pr. f. s.* plourant 3768.
adv. maintenant 3766, 3774. -*antem+s *p. pr. m. voc.* puans 3757.
-*anti *a.* sousdoiant 3754. -antum *adv.* tant 3773. -endit *pr. i.* prent
3758. -énitum *a.* gent 3755. -ente *adv.* coiement 3777 u. a. m. -entum
s. o. tourment 3767.

§ 156. Tir 153. (4428—57) A: R.-T. [anc-ans-ant-ent.]
-*ancum *s.* branc 4429. -andem *a. m.* grant 4456. *a. f.* 4436. -andis
a. m. grans. 4428. -ando *ger.* pesant 4449; pourpensant 4439. -*ando *ger.*
deshaitant 4448, querrant 4452. -andum *s. o.* samblant 4450. -*andum
s. o. commant 4444. -*anguem *s. m.* sanc 4457. -ante *adv.* auant 4452;
deuant 4451. -antem *p. pr. m.* amant 4453. -*antem *p. pr. f.* bruiant
4446. *adv.* maintenant 4441, 4447. -antum *adv.* tant 4432, 4437. -ente
adv. fierement 4433 u.a.m. -entem *s. f* gent 4435. -entum *s. o.* tourment 4440, 4454. *a.* sanglant 4430. -*entum *s. o.* arrestement 4444. *a.o.*
dolant 4431, 4438, 4448.

§ 157. Tir. 159. (4616—45) A: R.-T. [amp-ans-ant-ent.]
-andem *a. m.* grant 4621. -*ando *ger.* bruiant 4616 u.a.m. -*andum *s.*
commant 4632. -ampum *s.* camp 4631. -ante *adv.* deuant 4628, 4637.
-*antem *p.pr.m.* courant 4633; luisant 4626; trebuscant 4642. *p. pr. f.*
verdoiant 4643. -*antem+s *p.pr.m.n.* garans 4629; pesans 4639. -*anti
s. enfant 4640. *a.* joiant 4645. *p. pr.* garant 4620. -endit *pr. i.* prent
4623. -énitum *a.* gent 4630. -ente *adv.* acesmeement 4622 u.a.m. -en-
tem *adv.* noiant 4636. -*entem *npr.* Vinchant 4627. -*entum *a.* dolant 4441.

§ 158. Tir. 186 (5461—5520) A: R.-T. [ans-ant-en-ens-ent.]
-andem *a. m.* grant 5471, 5506, 5511. *a. f.* 5500. -ando *ger.* reclamant
5462. -*ando *ger.* acourant 5463 u. a. m. -*andum *s.o.* calant 5481; com-

mant 5474; garant 5476. -ante *adv.* auant 5467, 5490; dorenauant 5475.
-antem *s.* enfant 5461, 5483. -*antem *p. pr. m.* aparant 5472. *p. pr. f.*
viuant 5479; guiant 5484. *adv.* maintenant 5477. -*antem+s *p.pr.m.n.*
pesans 5497; viuans 5501. -*antes *p. pr. o. m.* aparans 5466. -*anti
p. pr. creant 5492; seiornant 5502. *a.* joiant 5496. -antum *adv.* tant
5465, 5495. -*emum *npr.* Belleen 5494; Jherusalem 5493. -endet *pr. i.*
apent 5488. -ente *adv.* certainement 5519 u.a.m. -entem *npr.* Oriant
5499. *s. f.* gent 5516. *adv.* noient 5489, 5512. -entum *s. o.* firmament
5520. -*entum *s. o.* arrestement 5470; errement 5510. -*entum+s *s. n.*
arremens 5503. -*entus *a.* dolans 5515. -inde *adv.* souuent 5514.

§ 159. Tir. 191 (5708– 63) A : R.-T. [ans-ant-ench-ens-ent.]
-andem *a. f.* grant 5717. -ando *ger.* plourant 5732; sousleuant 5731.
-*ando *ger.* plaignant 5709. -antem *s. m.* enfant 5725, 5729 -*antem
s. m. combatant 5718. *a. m.* joiant 5730; vaillant 5714. *a. f.* vaillant
5719. *p pr. m* aparant 5712. -*antem+s *npr. n.* Glorians 5718. *a. m. n.*
poissans 5720. *p. pr. f. n.* apendans 5721. -*anti *s.* enfant 5763 *a.* joiant
5736. -*encio(= endo) *pr.i.* rench 5733. -endet *pr.i.* apent 5650. -en-
dit *pr. i.* atent 5740 u. s w.; rent 5742. -unitum *a.* gent 5724, 5757.
-ente *adv.* certainnement 5715 u. a. m. -entem *adv.* noient 5736. *s. f.*
gent 5746, 5754. -*entem *s. f. n.* gent 5760. *npr. o.* Florent 5743; Vinchant 5710. -entum *s.o.* argent 5762 u. a.m. -*entum *s. o.* ucordement
5726 u. a. m. *a. o.* dolant 5708, 5727, 5741. -entus *s.* vens 5787. -*in-
num+s *s. o.* sens 5753.

§ 160. Tir. 201 (6184—6206) A : R.-T. [ans-ant-ens-ent.]
-ando *ger.* juant 6205. -*ando *ger.* ceuauchant 6190 u. a.m. -*antem *s. m.*
remanant 6189. *a. m.* poissant 6194; toutpoissant 6188. *p. pr. m.* riant
6185. *a. m. n.* joiant 6181 *p. pr. f. n.* riant 6191. -*antem+s *a. m. n.*
joians 6187. -*antes *a.m.o.* joians 6193. -anti *s.* auquant 6203. -*anti
s. enfant 6204. -unitum *a.* gent 6197. -ente *adv.* bonement 6199; simp-
lement 6196. -*entem *npr.* Florent 6186. *s. f. n.* gent 6198. -*entem+s
npr. n. Climens 6200. -entum *s.o.* talent 6202. *num. o.* cent 6192. -*entum *s. o.* delaiement 6201.

§ 161. Tir. 227 (7499–7521) A : R.-T. [ans-ant-ent.]
-*ando *ger.* coitant 7518 u. a.m. -*andum *s. o.* commant 7513. -antem
s. enfant 7511. -*antem *npr.* Croissant 7504. *adv.* esrant 7507. -*antem+s
a. n. m. vaillans 7499. *p. pr. n. m.* doutans 7503. *npr.* Croissans 7509.
-*ant(i)os *s.* besans 7500, 7515. -antum *adv.* tant 7501. -ente *adv.* bonement 7520; isnelement 7510. -entem *s. f.* gent 7519. *adv.* noient 7505.
-*entum *s.o.* arrestement 7516; chasement 7512. -*entus *a.* dolans 7502.

2. Silbenzählung.

§ 162. Der Dichter gebraucht den ursprünglichen Nominativ
des Singular der Substantiva auf -e neben dem secundären auf
-es, wie einerseits *emperere* 2312, *justiciere* 4957, *pere* 4168, mit
Elision des e vor vokalischem Anlaut, und andererseits *peres*
5170, 5413, *sires* 3178, 5143, 5700. metrisch zweisilbig vor vokalischem Anlaut, beweisen, da wir aus 3928, wo *teste* vor vokalischem Anlaut metrisch zweisilbig gebraucht ist, nicht wohl

schliessen können, dass der Dichter in obigen Fällen den Hiat
duldete; denn sonst tritt bei ihm durchweg Elision des tonlosen
e ein: *commence* 187, 188; *entre* 2253; *monte* 370; *sonne* 632 u. s. w.

§ 163. Die secundäre Femininform des Adjectivums zeigen:
cortoize 2650, *courtoise* 149, *grande* 1658, 2512, 2850, 2730 u. s. w.,
quele 6353, *tele* 3193, 3424, 3430, 6379 u. s. w. (cf. § 92).

§ 164. Ein *e* vor dem *r* des Futurs und Conditionals der
Verben der Stamm- und *e*-Conjugation erscheint in: *arderont*
950; *atenderas* 2907, *atenderont* 6693, *auerai* 6359, *auera* 57,
6582, *deffendera* 6608, *deueroit* 1145, *entendera* 3553, *mouera*
1149, *perdera* 6698, *renderoit* 878, *sauera* 6842, *saueroit* 763
u. s. w. Ausnahmen: *ara* 55, *deffendrons* 479, *deura* 3285,
metra 2735, *prendra* 6435, *perdrés* 87 u. s. w. Dagegen fehlt
das *e* im Futur und Conditional der *a*-Conjugation, wie auch
sonst, in: *abandonra* 1117, *amenras* 2915, *comperra* 4212, *de-
mourra* 51, *dourai* 6683, *dourras* 149, *durra* 3308, *menras*
6586, und auch in *aidront* 285, *saurrai* (zu *sauter*) 4715 u. s. w. —
Hierbei sei aufmerksam gemacht auf die Form *iere (ëro)* 375,
3178, 4908, 6491, welche durch den Vers als zweisilbig gesichert
ist. Bächt belegt dieselbe aus der Chanson von »Huon de
Bordeaux« nicht; die analoge Form *ieres (ëris)*, für welche
Bartsch im Tableau seiner Chrestomathie auf eine Stelle aus
»Huon de Bordeaux« verweist, scheint er übersehen zu haben;
zweimal findet sich auch in »Aucassin und Nicolete« aber in
Prosastellen *ere (ëro)* 2,23 und 8,22.

§ 165. Die picardische Form der ersten Person des Plural
auf *-mes* zeigen: *deuommes* 66, *porrommes* 1068, *pöummes* 628,
vorr ommes 5165.

§ 166. Das *ie* der zweiten Person des Plural des Imper-
fects und Conditionals gebraucht der Dichter, wie im Picardischen
und Wallonischen üblich, stets einsilbig: *ariés* 4560; *auiés* 4987,
6720; *cuidiés* 4666; *estiés* 4666, 6760; *feriés* 6501; *porriés* 6852;
prisiés 4243; *querriés* 4197; *seriés* 4678 u. s. w. (cf. § 108).

§ 167. Inlautendes *e* vor Vokal schwindet am frühesten
im Picardischen, Wallonischen und Ostfranzösischen. Unser
Text zeigt: *benoit* 3958; *but* 2673; *voir (= veoir)* 2553 u. a. m.
Dagegen: *alëure* 2020; *beneïe* 1613; *beneïs* 1917; *beneoite* 7640;
eage 1598; *pëue* 905; *reont* 2818; *veoir* 6912 u. s. w.

§ 168. Da der Dichter bei der 2. Person des Singular
häufiger das Pronomen *tu* setzt als nicht (z. B. 1820, 1833,
1834, 6721), so werden wir in *t'aras* 1822, *t'us* 1018, 1306,

1701, 1804, 2190, 7399, 7554, *t'em* 7399, *t'ieres* 144, 4293, 4350, *t'iés* 1010, 1797, 2530, 4781, 6825 die Elision ihm zuschreiben.[1]

§ 169. Für unbetontes *nostre*, *vostre* gebraucht der Dichter in picardischer Weise *no* (o.f.) 1090, (n. m. pl.) 6983, *vo* (o. m.) 88,672, 677, (o. f.) 6490, (n.m.pl.) 676 u.s.w.

§ 170. Als Obliquus des Singular erscheint *emperere* 391, 665, 699. (cf. § 93).

§ 171. *c'a* = *qui a* 1487, 3343 ist die aus dem Anglonormannischen bekannte Erscheinung; dagegen könnte *qu'est* = *qui est* 3,1405 vom Copisten für *qui'st* gesetzt sein.

Resumé zu A 1 und 2.

§ 172. Für die Richtigkeit der in § 61 aufgestellten Behauptung, dass die »Chanson d'Esclarmonde«, die »Chanson de Clarisse et Florent« und die »Chanson d'Yde et Oliue« bis Vers 7644[2]) von einem Dichter herrühren, spricht folgendes:

1) Aus §§ 70 und 81 ist zu schliessen, dass in der »Chanson d'Esclarmonde« und der »Chanson de Clarisse et Florent« *ai* noch diphthongische Geltung hatte.

2) Die in §§ 68, 162, 165, 167 besprochenen Eigentümlichkeiten finden sich in der »Chanson d'Esclarmonde« und der »Chanson de Clarisse et Florent«, die in §§ 96, 98, 99, 104, 118, 163, 164, 166, 168, 169 in allen drei Chansons.

3) Alle drei Chansons weisen Tiraden auf, in denen sich keine Mischung von a_n und e_n findet. Ein Teil der Tiraden, in denen diese Mischung vorliegt, lässt sich mehr oder weniger leicht zu Tiraden ohne Mischung umgestalten.

§ 173. Folgende sprachliche Erscheinungen lassen unseren Dichter als Picarden erschliessen:

1) Die Erhaltung des Diphthongen *ai* (§§ 70,81).
2) Die disjunctiven Personalpronomina *mi*, *ti* (§ 96).
3) *il* + *Konsonant* ergiebt *au (iau)* (§ 114). (Aber nur 1 Fall.)
4) Der Uebergang von *ieu* zu *iu* (§ 124). (Aber nur 1 Fall.)
5) Die 1. Person des Plural auf -*mes* (§ 165).
6) Die Elision des Pronomens *tu* (§ 168).
7) Der Gebrauch von *no*, *vo* für unbetontes *nostre*, *vostre*.

---

1) cf. Knauer: Zur altfranzösischen Lautlehre, Leipzig 1876, S. 40 u. 41 und Bächt S. 9, wo jedoch das dort angezogene *te nasquis* auch anders gedeutet werden kann.

2) Die »Chanson de Clarisse et Florent« beginnt mit Vers 3482, die »Chanson d'Yde et Olive« mit Vers 6184.

Eine Stütze bieten folgende nicht nur picardische Erscheinungen:

8) Die Infinitive *caïr, seïr, veïr* (§ 97).

9) Die Zusammenziehnng von *iée* zu *ie* (§ 104).

10) Die Einsilbigkeit des *ie* der 2. Person des Plural des Imperfectums und Conditionals (§ 166).

11) Die Beseitigung des secundären inlautenden Hiats (§ 167).

Sodann weisen die *a(e)ₙ* - Tiraden auf eine central- oder ostfranzösische Überarbeitung des ursprünglichen Textes hin, da eine Reihe von Tiraden, welche sich in dem Text zerstreut finden, keine Mischung von *aₙ* und *eₙ* aufweisen und es sich als möglich herausgestellt hat, in einem Teile der übrigen Tiraden jegliche Mischung von *aₙ* und *eₙ* zu beseitigen. Wenn in dem anderen Teile der gemischten Tiraden diese Mischung sich nicht entfernen lässt, ohne dass dem Texte Gewalt angethan wird, so kommt dies eben daher, dass der Text stark überarbeitet ist.

Die unter 2, 5, 6, 7, 8, 9 genannten Erscheinungen weist Bächt S. 32 und 33 auch für die Chanson von »Huon de Bordeaux» nach. Über die Zweifelhaftigkeit von Bächts Behauptung, der Dichter von »Huon de Bordeaux« ziehe *ie* zu *i* zusammen und diphthongiere *è* nicht zu *ie*, cf. die Anmerkung zu § 82. Damit wird Bächts Bestimmung des Unterdialectes hinfällig (S. 33 u. 34).

Auch für unsern Dichter muss die Frage offen bleiben, ob er *è* zu *ie* diphthongierte (§ 82).

B. Die Mundart des zweiten Dichters.

Vorbemerkung.

§ 174. Ganz davon abgesehen, ob eine Untersuchung der Sprache zur Annahme eines zweiten Dichters von Vers 7645 an führt, nötigt uns dazu schon der Umstand, dass sich von Vers 7645 ab zahlreiche lyrische Reihenschlüsse und mehrere sehr scharfe Enjambements finden, während der Text bis zu genanntem Verse lyrische Reihenschlüsse und Enjambements von solcher Schärfe nicht aufweist. (Über Enjambements des ersten Dichters cf. die Anmerkung zu Vers 1451.)

§ 175. Folgende Verse haben lyrischen Reihenschluss:

7650: Et Oliue refu empeeris.
7677: Et sa fenme qui blanche iert plus que lis.
7679: Et Oliue la roïnne a deuis.
7680: La nuit furent couchié en riches lis.
7682: Le seruice de Diu de paradis.

Ebenso: 7691, 7694, 7698, 7707, 7721, 7725, 7733, 7737, 7742, 7745, 7767, 7783, 7792, 7793, 7827, 7845, 7868, 7870, 7896, 7908, 7937, 7947, 7952, 7982, 7983, 7985, 7987, 7991, 8032, 8035, 8039, 8049, 8061, 8067, 8075, 8078, 8083, 8095, 8125, 8128, 8132, 8137, 8139, 8140, 8141, 8142, 8163, 8173, 8179, 8227, 8229, 8232, 8245, 8249, 8258, 8254, 8293, 8299, 8318, 8322, 8324, 8338, 8355, 8357, 8360, 8366, 8368, 8369, 8370, 8372, 8377, 8379, 8389, 8391, 8397, 8402, 8416, 8418, 8420.

Nicht als lyrische Reihenschlüsse sind hierbei die Fälle gerechnet, wo *Yde*, *Ydes* die 3. und 4. Silbe des Verses bildet, da neben *Yde* als Nominativ, z. B. 6540, *Yde* als Obliquus, z. B. 6944, *Ydes* als Nominativ, z. B. 6588, auch *Ydés* als Nominativ, z. B. 6840, *Ydé* als Obliquus, z. B. 6818, gesichert ist. Ebenso zweifelhaft sind 8367 und 8383, wo der Schreiber nur den Artikel elidiert haben kann:

8367: L'empereres sa fille li donna.
8383: L'empereres a iaus se racorda.

In Vers 8184: *Car nus ne pëust estre si armés* können wir den Reihenschluss als einen archaischen schwachen bezeichnen, wenn wir den 10-Silbler mit betonter 6. Silbe als den älteren ansehen.

Scharfe Enjambements zeigen sich bei folgenden Versen:

7671: Ens I chastel sur vne roche assis Vint; la trouua le conte o ses nouris. — 7715: Or est venus Ydes pour s'ireté, Rois Desiier le tient et s'a regné Com rois, ja sont plus de X ans passé. — 7743: Armé trouua dehors son pauellon Roi Desiier et o lui maint baron. — 8108: LX mile, que Persans c'Arabis, Furent et plus dont Hltes iert halz. — 8366: Que cheualier en fist et li carcha S'oliflanbe; maint grant estour outra.

§ 176. Lyrische Reihenschlüsse finden sich bis Vers 8420. Da der mir vorliegende Anfang der »Chanson de Godin« (8424—78) lyrische Reihenschlüsse und scharfe Enjambements nicht aufweist, müssen wir die »Chanson de Godin« fürs erste unserem zweiten Dichter absprechen. Hingegen liegt es nahe, anzunehmen, dass unser zweiter Dichter identisch ist mit dem Verfasser des »Roman d'Auberon«, da für diesen lyrische Reihenschlüsse und scharfe Enjambements charakteristisch sind.

Es folgt nun eine Untersuchung der Sprache des Dichters B. (cf. § 61).

1. Assonanzen.

Männliche a-Tiraden.

§ 177. Zwei Reim-Tiraden mit dem Reim a: 241 (8033—70), 245 (8322—8423).

Gemeinsames Rimarium.

-abet *pr. i.; fut.* -adit *pr. i.* -am *adv.* -avit (-*avit) *pf.* -*ecce+hac *adv.* -illac *adv.*

Männliche é-Tiraden.

§ 178. Hierher gehören die drei Assonanz-Reim-Tiraden: 234 (7691—7803), 240 (8000—37), 244 (8160—8321).

Gemeinsames Rimarium.

-abes *s. f. o.* -ados *s.* -ales *s. m. o.; a. m. o.* -alis *a. m.* -ansus *p. pf.* -atem *s. m.; s. f.* -*atem *s. f. n.* -*atem+s *s f n.* -ates *s. f. o.* -*ati *p. pf.; a.* -*àtis *pr. i.; imper.; fut.* -*àtis *adv.* -atum (*atum) *p. pf.; s.; npr.* Idé. -atos *p. pf.; s.* -atus (-*atus) *p. pf.; s; npr.* Idés; *a; s. o. sg.* -etum *s.* secré. -eum *s.*

Männliche i-Tiraden.

§ 179. Es sind die Assonanz-Reim-Tiraden: 233 (7645—90), 239 (7977—99), 242 (8071—8124).

Gemeinsames Rimarium.

-*aesum *p. pf.* -*ecce+hic *adv* -ecem *num.* -eco *pr. i.* pri. -ectos *p. pf.* eslis. *s.* lis. -ectus *s.* despis; respis. -*c]edem+s *s. n.* merchis. -*g]e(n)se *s. m. o.* pays. -c]e(n)ses *s. o.* marchis. -e(n)sum *p. pf.* etium *s.* pris. -*i==-é *pron.* mi 7980 -ic *adv.* aussi; si. -icem *s. f. n.* empeeris. -icem *s. f. n.* miautriz. -ici *s.* -icios *s.* larriz. -*ico *pr. i.* otri. -*ictus *p. pf.* -*icum *s.* detri. -icus *s.* -idi *pf.* vi. -*idium *a.* demi. -ido *pr. i.* affi. -*ies *s. o. pl.* dis. *adv.* jadie. -ilis *a. m.* gentis 7675. *ilios *s.* fis 8114. -*ilium+s *s. n.* lis. -*iptum+s *s. n.* escris. -* ssum *p. pf.* -*issus *p. pf.* -*isti *pf.* veis. -*istus *s.* Jesucris. -isum *s.; p. pf.* -*isum *s.; p. pf.* -isus *a.* fis. -*iti *p. pf.* -itos *p. pf.* -*itos *p. pf.; s.* paresis. *npr.* Persis. *a.* hardis. *npr. n.* Arabis. -*ittos *s.* petis -*ittus *a.* -*itum *p. pf.; a; s.* sami (ξάμητος). -itus *p. pf.; s.* marie. -*itus *p pf.; a.* -*ivit *pf.* -ivus *a.* vih 7649, 8103. -*ivus *a.* pensis 8124; pensiz 7690. -ixi *pf.* dis.

§ 180. Das Pronomen *mi* weist auf picardisches Gebiet. Dagegen erscheinen *fis, gentis, pensis, vis* in nicht streng picardischer Form (cf. §§ 9s, 99).

Weibliche i-Tiraden.

§ 181. Sie sind nur vertreten durch die Reim-Tirade 243 (8125—59) mit dem Reim *ie.*

Rimarium.

-*ĕcat *pr. i.* prie. -*ĭa *s.* -iam *npr.* Marie. -*ĩam *s.* -ĩcam *s.* mĩe. -*ĩcat *pr. i.* otrie. -*ĩdat *pr. i.* desfie; fie. -ĩta (-*ĩta) *p. pf.* -ĩtam *s.* vie. -*ĩtam *a.* complie. -aeta *a.* lie 8155. *p. pf. mit esse* -*g]ata esmaĩe 8134; -*i]ata apoiie 8151, depechie 8141. -*e]ata *p.pf. als a.* mautaillie 8137. -*i]atam *p. pf. mit habere* röegnie 8145. -*i]atam *p. pf. als a.* hirecie 8125. -*ion]atam *s.* maisnie 8133.

§ 182. Das Rimarium zeigt *ie = iée* in folgenden Worten: *apoiie, depechie, esmaïe, hirecie, lie, maisnie, mautaillie, röegnie.*

Männliche *ié*-Tiraden.

§ 183. Sie sind nur vertreten durch die Assonanz-Reim-Tirade 235 (7804—36), die aber nahezu eine Reim-Tirade mit dem Reim *iers* ist.

Rimarium.

-aero *pr. i.* -*i]are+s *inf. n.* -*arie+s *adv.* -arios *num.* -*arios *s.*; *a.* -*arius *s.*; *npr.* Desiiers; *a.* -c]aros *a.* -*ĕgrum+s *a.n.* -*ĕrium+s *s. n.* -ĕrus *a.*

Männliche *o$_n$* - Tiraden.

§ 184. Sie sind vertreten durch die Reim-Tirade 238 (7942—76) mit dem Reim *on*.

Rimarium.

-ōmen *s. o.* -ŏmo *s.* -ōn *adv.* -ōnem (-*ŏnem) *s. m* ; *s. f.*; *a. m.*; *npr. o.*; *voc.* -*ōni *s.* -ŏnum *s.* -*ōnum *s.*; *a.* -ummum *adv.*

Der Dichter sprach jedenfalls bereits *nasales o.*

Männliche *ü*-Tiraden.

§ 185. Sie sind vertreten durch die Assonanz-Reim-Tirade 237 (7896—7941), welche aber beinahe eine Reim-Tirade auf *us* ist.

Rimarium.

-ŏcos *s.* jus 7930. -*ŭcem+s *s. n.* -ūdus *a.* -ullus *s.*- u(r)sum (-*u(r)sum) *a dv.* -us *comp.* -*ūs *npr.* Jhesus. -ūsum *s.*; *a.* -*ūsum *s.* -*ūtem+s *s. f. n.* -ūtes *s. f. o.* -*ūtos *s.*; *a*; *p. pf.* -*ūtus *a*; *p. pf.*

§ 186. *Jus* 7930 ist streng picardische Form.

Männliche *e$_n$* - Tiraden.

§ 187. Hierher gehört die Reim-Tirade 236 (7837—95) mit dem Reim *ent*.

Rimarium.

-endet *pr. c.* ament 7873. -endet *pr. i.* apent 7855. -endit *pr. i.* prent 7888. -*endit *pr. i.* mesprent 7878. -ŏnitum *a.* gent 7869. -ente *adv.*

bonnement 7891 u. a. m. -entem *s. m.* enclent 7844; *s. f.* gent 7841; *npr.*
Chiment 7884, Flourïent 7879; *a. m.* omnipotent 7858; *adv.* noient 7851.
-entit *pr. i.* consent 7881, 7895. -*entit *pr. i.* nuent 7842. -entum *s.'o.*
conuent 7874 u. a. m.; *a.* sanglent 7895. -*entum *s. o.* acordement 7854
u. a. m. -*inde *adv.* souuent 7862.

2. Silbenzählung.

§ 188. Metrisch zweisilbig vor vokalischem Anlaut sind
peres 7658, *sires* 8408 mit secundärem *s* des Nominativs gesichert, da der Dichter unbetontes *e* vor vokalischem Anlaut
als Silbe nicht kennt.

§ 189. Ein *e* vor dem *r* weisen auf die Futura *auerai*
7961, *combaterés* 8279, *renderai* 7924 u. a. (cf. § 164).

§ 190. Das *ie* in der 2. Person des Plural des Imperfectums ist einsilbig: *desdisiés* 7779, *prisiés* 7774. (cf. § 166.)

§ 191. Inlautendes *e* vor Vokal ist geschwunden in *vir*
7827; dagegen *beneïs* 7683, *veïr* 7781, *veoir* 8183 u. s. w. (cf.
§ 167).

§ 192. 7952 findet sich *t'as = tu as.* Auch dem Dichter
B werden wir die Elision zuschreiben dürfen. (cf. § 168).

§ 193. Für unbetontes *nostre, vostre* steht *no* (n. f. sg.)
7922, *vo* (o. m.) 8216. (cf. § 169).

Resumé zu B 1 und 2.

§ 194. Folgende sprachliche Erscheinungen kennzeichnen
auch den zweiten Dichter als Picarden:
1) Das disjunctive Personalpronomen *mi* (§ 180).
2) Die Form *jus (jócos)* (§ 186).
3) Der Gebrauch von *no, vo* für unbetontes *nostre*, *vostre*
   (§ 193).
Eine Stütze bieten folgende nicht nur picardische Eigentümlichkeiten:
4) Die Zusammenziehung von *iée* zu *ie* (§ 182).
5) E_n ist nicht gemischt mit a_n (§ 187).
6) Die Einsilbigkeit des *ie* in der 2. Person des Plural des
   Imperfectums (§ 190).
7) Beseitigung von secundärem inlautenden Hiat (§ 191).

III. Das Verhältnis der poetischen Fortsetzungen von „Huon de Bordeaux" zu den prosaischen.

§ 195. Guessard [1]) ist der Ansicht, dass die Prosaversion der Chanson von »Huon de Bordeaux« nach der Fassung der Chanson angefertigt ist, welche in der Turiner Hs. vorliegt. Sehen wir zu, ob diese Behauptung für die von mir behandelten Fortsetzungen der Chanson von »Huon de Bordeaux« zutrifft. Von den Drucken der Prosa, welche mir zu Gebote standen, stimmen die von 1545 und 1586 nahezu wörtlich überein; nur ist die Orthographie in dem Druck von 1586 eine andere geworden, und in wenigen Fällen auch die Diction. Auch der Druck von 1821 giebt den Inhalt der älteren Drucke genau wieder, indem er nur geringfügige Abweichungen und bisweilen Namensänderungen aufweist, und die Diction, durch die Veränderungen der Sprache bedingt, eine andere geworden ist. Ausserdem hat sich der Druck von 1586 einige Male Auslassungen erlaubt und noch öfter der von 1821. Die englische Version ist eine nahezu wörtliche Uebersetzung der Fassung, welche der Druck von 1545 bietet; nur die Namen haben oft eine Verstümmelung erfahren [2]).

§ 196. C[a]): Huon, welcher durch Auberon mit Karl versöhnt worden ist, empfängt in Bordeaux die Huldigung seiner Barone. Drei Pilger kommen in die Stadt und in das Schloss Huons. Nachdem sie verpflegt und reich beschenkt worden sind, kehren sie nach Vienne, ihrer Vaterstadt, zurück. Dort erzählen sie ihrem Gebieter, dem Grafen Raoul, von ihrem Aufenthalt in Bordeaux, von der Schönheit der Esclarmonde und wie Huon sie erworben hat. Raoul, welcher unvermählt ist, beschliesst, Esclarmonde für sich zu erwerben und Huon zu töten. Inzwischen fühlt

---

[1]) L. c. S. **XXV—XXVI.**

[2]) Wo die englische Uebersetzung eine solche Abweichung zeigt, ist der Name in Parenthese hinzugefügt.

[a]) Der Kürze halber sei der Text der Chansons mit C, die Prosaversion mit P bezeichnet. Wo sich eine genauere Unterscheidung der Drucke nötig macht, bedeute Pf¹ den Druck von 1545, Pf² den von 1586, Pf³ den von 1821, Pe die englische Version. Am Schluss eines jeden Paragraphen sind zuerst die Verse der Chanson, dahinter Seiten- und Zeilenzahl der englischen Version angegeben, da die französischen Drucke keine Kapitelzählung aufweisen und sie in der Seitenzahl nicht übereinstimmen, und weil ferner die englische Version eine nahezu wörtliche Uebersetzung des Druckes von 1545 ist und jedem am leichtesten zu Gebote steht.

Esclarmonde die Stunde ihrer Niederkunft nahen. Von Auberon geschickt, erscheinen dreissig Feen in ihrem Gemache, und eine derselben prophezeit ihr, dass sie einer Tochter das Leben geben werde, welche einst nach vielem Unglück zu grosser Macht gelangen und Herrin von Aragonien und Königin vieler Länder werden würde. Als das Kind geboren ist, bestimmt eine Fee, dass es das schönste Weib werden solle, und sie bittet Gott, dass nur ein Mann nach ihr Verlangen tragen möge, nämlich Florent von Aragonien. Die Feen segnen das Kind und verschwinden. Das Kind erhält in der Taufe den Namen Clarisse. Raoul kommt als Pilger verkleidet nach Bordeaux zu Huon, um Esclarmonde zu sehen. Ihr Anblick bestärkt ihn noch mehr in der Absicht, sie zu erwerben und Huon zu töten. Von Bordeaux kehrt er nach Vienne zurück und begiebt sich darauf nach Mainz zu seinem Oheim, dem Kaiser von Deutschland, welchen er bittet, ein Turnier ausrufen zu lassen. Er hofft, Huon werde zu dem Turnier kommen und er werde dort Gelegenheit haben, ihn zu töten. Ohne die Absicht seines Neffen zu kennen, lässt der Kaiser das Turnier ausrufen. Indessen ein Diener, Gautier, hat den Anschlag Raouls von dessen Rittern vernommen, und er beschliesst, Huon zu warnen, da er einst in dessen Diensten gestanden hat. Er begiebt sich nach Bordeaux und teilt Huon den beabsichtigten Verrat mit. Zum Lohn schlägt Huon ihn zum Ritter und behält ihn bei sich. Huon, so gewarnt, beschliesst, nach Mainz zu dem Turnier zu ziehen und führt auch seine Absicht trotz alles Abredens seitens seiner Gemahlin aus; nur nimmt er auf deren Wunsch ein Heer von 10.000 Mann mit. Huon schwört, Raoul zu töten, nimmt Abschied von seiner Gemahlin und zieht nach Deutschland. In Köln lässt er seine Leute zurück und begiebt sich allein nach Mainz. Er geht dort in den Palast des Kaisers und findet diesen an der Tafel sitzen, ihm zur Seite Raoul Er begrüsst den Kaiser und bittet ihn um seinen Schiedsspruch, da ein Ritter ihm nach dem Leben trachte, um sich mit seinem Weibe zu vermählen. Der Kaiser entgegnet, dass er jeden töten würde, der ihn auf eine solche Weise herausfordere, worauf Huon Raoul für diesen seinen Feind erklärt. Er zieht sein Schwert und schlägt Raoul das Haupt ab. Darauf verlässt er den Palast, besteigt sein Ross und flieht aus der Stadt. Der Kaiser lässt ihn sogleich verfolgen. Allen Verfolgern voran jagt ihm auf schnellem Rosse des Kaisers Seneschall und Neffe Gualerant nach. Doch Huon gelingt es, ihn zu töten und zu entkommen. Als der Kaiser hört, dass Huon entkommen ist und sogar Gualerant getötet hat, gelobt er, nicht zu ruhen, bis er Huon getötet habe. Dieser kommt in Köln bei seinen Leuten an und kehrt mit ihnen nach Bordeaux zurück, wo sie sich gegen den Kaiser zu verteidigen beschliessen. Esclarmonde rät Huon, ihren Oheim, den König von Aufanie, aufzusuchen und ihn um Hülfe zu bitten; indessen will Huon erst diese Hilfe herbeiholen, wenn er ihrer bedürfe. [P weicht bis hierher wesentlich von C ab. Auch sie beginnt damit, dass Huon sich von seinen Baronen huldigen lässt. Indessen weigert sich hier einer, Huon zu gehorchen. Dies ist der Verräther Angelars, der Vetter Amaurys, welchen Huon getötet hatte. Angelars besitzt ein Schloss in der Nähe von Bordeaux. Huon belagert es, nimmt es ein und lässt Angelars und seine Leute hängen. Nach diesem Einschub wird auch in P von den drei Pilgern und Raoul erzählt; nur wird dieser zu einem Herzog gemacht, wie auch Huon stets als duc, Esclarmonde als duchesse bezeichnet wird. Sodann fehlt in P an dieser Stelle der Bericht von der Niederkunft der Esclarmonde. Es wird sogleich von Raoul weitererzählt. Abweichend von C schickt er einen Boten an seinen Oheim, den Kaiser von Deutschland, welcher hier den Namen Thierry führt, um diesem kundzuthun, dass er ihn aufzusuchen gedenke und um ihn zu bitten, ein Turnier ausrufen zu lassen. Der Bote trifft den Kaiser in Strassburg und richtet seinen Auftrag aus. Darauf lässt der Kaiser ein Turnier ausrufen, welches an einem bestimmten Tage in Mainz stattfinden soll. Der Bericht von der Reise Raouls nach Bordeaux und Mainz und von dem Diener, welcher Huon warnt, ist in P umgestellt. Als Raoul den Boten an den Kaiser abgesandt hat, beruft er seine vertrautesten Barone und teilt ihnen seine Absicht mit, Huon zu töten und sich mit Esclarmonde zu vermählen. Sie müssen Huon den Tod schwören. Bei dieser Gelegenheit hört der Diener von dem Anschlage, während er in C den Baronen das Geheimnis entlockt, ohne dass uns gesagt ist, dass Raoul diesen seinen Plan mitgeteilt hat. Ferner wird uns in P berichtet, dass Huon bereits vor der Ankunft des Dieners Kunde davon hat, dass in Strassburg ein Turnier stattfinden soll und dass er sich entschlossen hat, sich mit seinen Rittern dahin zu begeben. Den Namen des Dieners erfahren wir in P nicht; ebenso ist nichts davon gesagt, dass Huon ihn zum Ritter schlägt und ihn unter seine Ritter aufnimmt. Wie in C beschliesst Huon, auf Wunsch seiner Gemahlin mit 10,000 Mann, zu dem Turnier zu ziehen; nach P will ihn aber seine Gemahlin in Ritterrüstung begleiten und eigenhändig Raoul zu Boden schlagen, worauf ihr Huon lachend dankt und erwidert, dass sie nicht mitreiten könne, da sie schon im siebenten Monat schwanger sei. Hierauf wird von der Reise Raouls nach Bordeaux gesprochen. Von Huon nach seiner Herkunft gefragt, giebt er zur Antwort, er stamme aus Berry und sei 24 Jahre in sarazenischer Gefangenschaft gewesen. Von Bordeaux begiebt er sich über Vienne nach Mainz. Auch Huon macht sich mit Gefolge auf den Weg nach Mainz. Von hier ab weicht P bedeutend von C ab. Als Huon vor den Augen des Kaisers Raoul getötet hat, entspinnt sich in P sogleich im Saale ein Kampf zwischen Huon und den Rittern des Kaisers. Erst nachdem Huon viele zu Boden geschlagen hat, gelangt er zu seinem Ross und reitet davon. Auch hier wird er von Galeran (Galeram) verfolgt, welcher als cousin Raouls bezeichnet wird. Er tötet ihn und viele andere Deutsche, unter ihnen den Ritter Hans Spergner (Sperguer). Dann schwingt er sich, nachdem sein Ross ihm unter dem Leibe getötet worden, auf das eines getöteten Feindes und sucht zu entfliehen. Inzwischen ist auch der Kaiser selbst ihm mit grosser Schar nachgeeilt, und es gelingt ihm, Huon zu erreichen. Er fordert ihn zum Kampf heraus. Huon wirft ihn aus dem Sattel, besteigt des Kaisers Ross und entkommt. Der Kaiser schwört, nicht zu ruhen, bis er Huon getötet habe. Ein Ritter Godon (Godun) aus Nerembert (Norembreye) giebt dem Kaiser den Rat, sich mit einer Schar zwei Meilen von Köln an der Strasse, welche von Köln nach Frankreich führt, in einem Walde in den Hinterhalt zu legen und Huon zu überfallen. Der Kaiser folgt dem Rat. Es kommt vor Köln zwischen dem Kaiser und Huon zum Kampf. Huon tötet Godon, den kaiserlichen Bannerträger Crassin Polinger (Crassyn polynger) und viele andere Ritter. Während der Kampf wütet, reitet ein deutscher Ritter nach Köln und fordert den Gouverneur auf, dem Kaiser Hilfe zu bringen. Inzwischen hat Huon den Kaiser zum zweiten Male zu Boden geworfen; doch wird dieser auch diesmal von seinen Leuten gerettet. Der Kaiser lässt Huon um Waffenstillstand auf ein halbes Jahr bitten, aus dem vielleicht ein Frieden entstehen werde. Huon geht den Waffenstillstand ein, sammelt sein Heer und macht sich auf den Heimweg. Da naht der Gouverneur von Köln mit seiner Schar, um dem Kaiser beizustehen, und greift Huon an, da er von dem Waffenstillstand nichts weiss. Der Kaiser lässt aber den Gouverneur alsbald über seinen Irrtum aufklären, und der Gouverneur bittet Huon um Verzeihung, die dieser auch gewährt. Huon kehrt nun ungehindert nach Bordeaux zurück. Er erzählt Esclarmonde seine Erlebnisse und dass er fürchte, der Kaiser werde ihn, sobald der Waffenstillstand abgelaufen sei, in Bordeaux belagern. Esclarmonde rät, ihren Bruder, den König Salibrant (Salybraunt) von Rougre (Bougye) um Hilfe zu bitten. Dieser sei bereits Christ und Huon solle Priester mitnehmen, um auch seine Leute zu bekehren. Von König Karl dürfe er keine Hilfe erwarten, da ihm dieser den Tod seines Sohnes Charlot immer noch nicht vergessen habe. Auch hier will Huon die Hilfe erst in Anspruch nehmen, wenn der Kaiser vor den Thoren von Bordeaux stehe und er ihrer bedürfe. Erst jetzt wird davon berichtet, dass Esclarmonde einer Tochter das Leben giebt, welche in der Taufe den Namen Clairette (Claryet) erhält, und zwar folgt hier P im grossen und ganzen C. [1 - 524; 274, 25—314, 10.]

§ 197. C: Der Kaiser von Deutschland sammelt ein Heer und zieht über Vienne nach Bordeaux, wo er die Vorstadt in Brand stecken lässt. Huon macht mit den Seinen einen Ausfall, erleidet dabei aber grosse Verluste. Deshalb rät ihm Geriaume, zum Rückzug zu blasen. Huon folgt dem Rate, und es kommt vor dem Thore der Stadt noch zu einem harten Kampfe, in dem Gautier, welchen Huon zum Ritter geschlagen hatte, Rogier, den Bruder Raouls, tötet. Huon trifft mit dem Kaiser zusammen und bittet ihn um Verzeihung, dass er seinen Neffen erschlagen habe; er habe nur den Schiedsspruch des Kaisers ausgeführt; doch der Kaiser entgegnet, er werde ihn hängen lassen. Daraufhin greift Huon den Kaiser an und wirft ihn zu Boden; indessen wird der Kaiser von den Seinen gerettet. Huon und die Seinen kehren in die Stadt zurück. Esclarmonde dringt noch einmal in ihren Gatten, er solle ihren Oheim zu Hilfe rufen, dessen Name, Salibran, hier genannt wird. Huon vertraut die Stadt, sein Weib und Kind seinem Cousin Bernart und Geriaume an, verlässt mit 13 Genossen heimlich die Stadt und gelangt an das Meer, wo er sich nach Auffanie einschifft. [Auch diesen Abschnitt hat P wesentlich erweitert Als der Waffenstillstand abgelaufen ist, sammelt der Kaiser ein Heer und zieht, begleitet von seinem Bruder Sauary, dem Vater Raouls, nach Bordeaux. Sauary wird aber im Gegensatz zu seinem Sohn als ein rechtschaffener Mann bezeichnet; denn Raoul hatte seinen Charakter von seiner Mutter geerbt, der Tochter des Verräters Hardouin (Hurdowyn) de Serance (Fraunce). Inzwischen hatte Huon seine Stadt stark befestigt und ein Heer ausgerüstet. Als der Feind vor Bordeaux ein Lager aufgeschlagen hat, macht Huon mit seinem Heere einen Ausfall. In dem Kampfe wird der alte Gerasme gefangen genommen und in dem Zelte des Kaisers in Fesseln geschlagen. Im Zweikampf tötet Huon das Ross des Herzogs Saunry; dieser selbst aber wird von den Seinen gerettet. Huons Heer erleidet grosse Verluste, und Huon sieht sich genötigt, den Rückzug anzutreten. Auf diesem tötet er noch den Cousin des Kaisers, Jozeran (Jozerane) und hat zuletzt auch hier einen Zweikampf mit dem Kaiser zu bestehen; indessen greift er in P den Kaiser sogleich an, ohne ihn erst um Verzeihung zu bitten, und schlägt das Ross seines Gegners mitten durch, sodass der Kaiser zu Boden stürzt; doch wird er von den Seinen gerettet. Huon kehrt nach Bordeaux zurück und erfährt nun erst, dass Gerasme gefangen ist. Inzwischen war der Kaiser verwundet nach seinem Zelte gebracht worden. Dort findet er Gerasme und lässt alsbald einen Galgen errichten, um ihn und die übrigen Gefangenen zu hängen. Huon gewahrt von Bordeaux aus den Galgen, errät den Zweck

desselben und beschliesst, die Seinen zu befreien. Der Kaiser beauftragt
einen Ritter, Othon, mit der Execution. Dieser aber giebt, weil einst von
Seuin von Bordeaux, dem Vater Huons, erzogen, dem Kaiser den Rat, die
Gefangenen am Leben zu lassen, damit nicht dasselbe Schicksal die in
den Händen Huons befindlichen Gefangenen treffe. Aber der Kaiser will
davon nichts wissen, und Othon muss zur Ausführung schreiten. Als
Gerasme schon auf der Leiter steht, um gehängt zu werden, eilt Huon
mit den Seinen herbei, schlägt alles vor sich nieder und befreit die Gefangenen. Othon ergiebt sich und erhält Verzeihung, da er mitteilt, dass
er einst im Hause Seuins erzogen worden. Othon stellt sich nun
auf Huons Seite. Bei seiner Rückkehr wird Huon verfolgt. Eine Schar
der Verfolger dringt mit in die Stadt ein und wird gefangen genommen.
Auf Gerasmes Bitten schenkt Huon den Gefangenen das Leben, lässt sie
entwaffnen und giebt ihnen in der Stadt Unterkunft. Zwei Angriffe des
Kaisers auf Bordeaux werden abgeschlagen. Indessen Huons Schar wird
von Tag zu Tag geringer, trotz der Thaten, die er auf seinem Ross Amphage vollbringt, während der Kaiser Verstärkungen aus Deutschland
heranzieht. Da beschliesst Huon, den Kaiser um Frieden zu bitten. Auch
seine Verwandten, Gerasme, Othon, Bernard (Barnarde), Richer raten dazu.
Er sendet Habourie (Habourey) ab und lässt dem Kaiser sagen, dass er
sein Land von ihm als Lehen annehmen wolle, da ihm sein Lehnsherr,
der König von Frankreich, nicht zu Hilfe gekommen sei. Ausserdem wolle
er mit 100 Rittern eine Fahrt nach dem heiligen Grabe unternehmen
und dort für die beiden von ihm getöteten Neffen des Kaisers und alle
anderen Gefallenen beten. Habourie richtet seinen Auftrag aus, wird
aber vom Kaiser schroff zurückgewiesen. Nun macht Huon unvermutet
mit den Seinen noch einen Angriff auf die Deutschen, bringt ihnen viele
Verluste bei, muss sich aber wieder zurückziehen. Der Kaiser jagt Huon
nach, um ihn zu töten, und fordert ihn zum Kampfe heraus. Es gelingt
Huon abermals, seinen Gegner verwundet zu Boden zu strecken; indessen
wird dieser auch jetzt wieder von den Seinen gerettet. Zuletzt tötet
Huon noch einen Ritter Girard (Gerard), den Bastard des Kaisers. Indessen Huons Schar ist nun so zusammengeschmolzen, dass er nicht um-
hin kann, dem Rate seiner Gemahlin zu folgen und deren Bruder aufzusuchen. Zuvor aber gelingt es ihm noch, alles Vieh, welches dem
kaiserlichen Heere zum Unterhalt diente, heimlich nach Bordeaux zu entführen, nachdem sämtliche Wächter getötet worden sind. Die Deutschen,
welche von dem Raub durch einen entkommenen Wächter benachrichtigt
worden sind und Huon aufzuhalten suchen, werden zurückgeschlagen.
Nachdem Huon Gerasme sein Weib und Kind anvertraut hat, verlässt er
mit 5 Rittern, seinem Kaplan und einem Geistlichen heimlich die Stadt,
fährt die Gironde hinab und gelangt in das Meer. [525—779; 314,
11—56, 32.]

§ 198. Nachdem C uns zuletzt von Huon erzählt hat, wie er sich
nach Auffanie einschifft, führt sie uns jetzt nach Bordeaux zurück. Geriaume macht einen Ausfall auf das kaiserliche Heer, muss sich aber bald
in die Stadt zurückziehen. Der Feind stürmt die Stadt und nimmt sie
ein, wobei Geriaume den Tod findet. Bernart macht Esclarmonde den
Vorschlag, er wolle mit Clarisse heimlich die Stadt verlassen und sie nach
Clugny zu dem Abt Ouedon bringen, dem Oheim Huons. Tief bekümmert,
sich von Clarisse trennen zu müssen, willigt Esclarmonde ein und übergiebt Bernart das Kind, welcher es unversehrt nach Clugny bringt, wo
er Ouedon das Geschehene mitteilt. Inzwischen kehren die Deutschen
nach ihrer Heimat zurück, und Esclarmonde wird in Mainz in den Kerker

geworfen. Man will sie solange gefangen halten, bis man auch Huon gefangen habe, damit man sie zusammen verbrennen könne. Hiermit kehrt C zu Huon zurück, welcher sich mit seinen Gefährten auf dem Meere befindet. Anfangs geht die Fahrt bei günstigem Winde gut von statten; doch das Schiff kommt von dem richtigen Wege ab, und der Seemann, welcher es lenkt, erklärt Huon, dass er nicht wisse, wo sie seien. Huon gewahrt einen Strudel, ein grosses Stück Segeltuch auf dem Meere und an demselben einen Mann, der bis an den Hals im Wasser steht. Ihm sind die Augen verbunden, und er ist ganz schwarz. Fortwährend verwünscht er seine Geburt. Der Seemann und Huon beschwören ihn, ihnen zu sagen, wer er sei. Er sagt, er sei Judas, der Jesus verraten habe. Er habe nicht gewagt, Gott um Gnade anzuflehen und sei zur Strafe hierher verbannt. Alles Wasser, welches in den Strudel stürzt, müsse an ihm vorüber, und diese Qual habe er auszustehen bis zum Ende der Welt. Einigen Schutz gewähre ihm nur das Segeltuch, welches Christus hierher gebracht habe. Judas teilt Huon mit, dass er unfehlbar in den Strudel geraten werde, welcher zu dem Magneten führe, worüber der Seemann und Huon sehr erschrecken. Sie verlassen Judas und gewahren nach einer Fahrt von 3 Tagen einen Wald. Als sie aber näher kommen, entdecken sie, dass der vermeintliche Wald aus den Masten zahlloser Schiffe besteht, welche der Magnet, in dessen Nähe sie sich befinden, angezogen hat, ohne sie je wieder loszulassen. Auch Huons Schiff wird festgehalten. Als sie sich über 3 Monate dort befinden, gehen die Lebensmittel zu Ende, und einer nach dem anderen stirbt den Hungertod. Zuletzt sieht sich Huon allein unter Leichen. [Vergleichen wir diesen Abschnitt von C mit P, so finden wir, dass letztere auch hier wieder eine Umstellung vorgenommen und sich Erweiterungen und Aenderungen erlaubt hat. Huon hatte Bordeaux verlassen, war die Gironde hinabgefahren und auf das Meer gelangt. P schiebt hier nicht wie C die Ereignisse ein, welche inzwischen in Bordeaux stattfinden, sondern setzt sogleich die Erzählung von Huons Abenteuern fort. Auch in P gerät das Schiff bald von dem richtigen Wege ab, was auch der dasselbe lenkende Seemann zu seinem Schrecken bemerkt, ohne dass er aber zunächst Huon davon Mitteilung macht. Sie gelangen in einen Hafen und steigen ans Land. Huon findet nach langem Suchen einen Seemann, der sich erbietet, ihn nach Anfamie (Aufamie) zu bringen. Hier also wird als das Ziel der Reise Huons Anfamie, dem Auffanie von C entsprechend, angegeben, obschon vorher der Bruder der Esclarmonde, Salibrant, als König von Bougre bezeichnet ist. Huon und seine Leute besteigen das andere Schiff und segeln davon. Auch jetzt werden sie durch ein Ungewitter wieder von dem richtigen Wege abgebracht, und der Herr des Schiffes weiss nicht, wo sie sich befinden. Plötzlich vernehmen sie ein furchtbares Getöse und bemerken, dass sie sich vor dem Strudel befinden, in dem alle Meere, Gewässer und Flüsse zusammenlaufen. Schon glauben sie sich verloren, als der Strudel plötzlich aufhört. Sie sind nämlich gerade zu einer Zeit angekommen, zu welcher der Strudel gefüllt ist, und können so ungehindert darüber hinwegfahren. Zuvor haben sie noch die Begegnung mit Judas, welche nahezu wie in C wiedergegeben wird. Kaum sind sie eine Meile jenseits des Strudels, als sie schreckliche Feuerbrände aus dem Strudel ansteigen sehen und die Wogen ihr Schiff pfeilschnell davontreiben. Nach langer Zeit bemerken sie einen Felsen, darauf ein Schloss und einen dichten Wald. Es ist der Magnetberg, welcher alles Eisen anzieht, sodass jedes Schiff unfehlbar festgehalten wird. Bald fährt auch Huons Schiff mit ungeheurer Geschwindigkeit dem Felsen zu. Nun merkt der Herr des

Schiffes, wo sie sich befinden. Aus dem Holz der Schiffe, welche lange Zeit sich schon an dem Berge befinden, sind Bäume hervorgewachsen, sodass ein Wald entstanden ist. Nachdem sich Huon von dem Schrecken erholt hat, beschliesst er, das auf dem Felsen liegende Schloss aufzusuchen. Er schickt einen Ritter, Arnoult (Arnolde), voraus, zu sehen, wer die Bewohner des Schlosses seien. Der Ritter steigt von Schiff zu Schiff und geht einen schmalen Weg empor bis zu dem Schloss. Da alles Rufen, das Thor zu öffnen, nichts nützt, legt sich der Ritter vor der Thür nieder und sucht unter derselben hindurch etwas von dem Inneren des Schlosses zu erspähen. Er gewahrt eine ungeheuere Schlange von der Grösse eines Rosses. Entsetzt flieht er den Weg hinunter und meldet Huon, was er gesehen. In einer Nacht kommt ein neues Schiff an den Magnetberg, in dem sich 30 sarazenische Seeräuber befinden, welche sogleich beschliessen, sich des Schiffes Huons zu bemächtigen. In dem Kampfe, welcher sich entspinnt, werden alle Sarazenen getötet; aber auch auf Huons Seite fällt alsbald Arnoult, der Besitzer des Schiffes und die übrigen Seeleute, und nur Huon und drei seiner Rittter bleiben übrig. Von den den Feinden abgenommenen Lebensmitteln leben die vier Männer über sieben Monate. Da aber ist ihr Vorrat vollständig zu Ende. Huons Gefährten sterben den Hungertod, und Huon sieht sich allein. Er begiebt sich nach dem Schloss. Dort gewahrt er über einem kleinen Fenster eine Warnung geschrieben, dass jeder sich hüten solle, das Schloss zu betreten, wenn er nicht der Mutigste der Mutigen und die Schlange zu besiegen im stande wäre. Schon viele hätten es vergeblich versucht. Ausserdem sagt ihm die Schrift, dass er in einer Tasche rechts von der Thür den Thorschlüssel finden werde. Huon öffnet das Thor und betritt das Schloss. Sogleich gewahrt er die furchtbare Schlange, und es beginnt nun ein harter Kampf. Da Huon mit seinem Schwert das Ungeheuer nicht verwunden kann, glaubt er sich schon verloren, als er einen starken Spiess entdeckt, welchen er der Schlange in den Rachen wirft und sie so tötet. Nun betritt Huon einen prächtig eingerichteten Saal und bemerkt dann, dass über der Thür eines jeden Zimmers in goldenen Buchstaben geschrieben steht, wo der Schlüssel zu dem betreffenden Zimmer zu finden sei. Er betritt ein Zimmer nach dem anderen und findet überall Schätze und Kostbarkeiten. Dann betritt er von einem Zimmer aus einen Garten, an dessen Früchten er sich satt isst. Hierauf begiebt er sich wieder in das Schloss, entkleidet sich und vertauscht seine sämtlichen Kleidungsstücke mit neuen, welche er in einem Zimmer findet. Acht Tage verweilt er in dem Schloss, sich von den Früchten des Gartens nährend; da er aber weiter nichts zu sich nimmt, wird er bald sehr schwach und fühlt, dass er hier unfehlbar sterben müsse. Nun erst kehrt P zu den Ereignissen zurück, welche inzwischen in Bordeaux stattgefunden haben. Bald hat der Kaiser Thierry von der Abreise Huons Kunde erhalten und beschliesst, während der Abwesenheit Huons Bordeaux einzunehmen. Er lässt zum Sturm blasen; doch die Franzosen bleiben wieder Sieger. Der Kaiser versammelt seine Barone und fragt sie um Rat, ob er die Belagerung aufheben und abziehen solle oder dabei aushalten, da Bordeaux nur noch von wenigen verteidigt werde und die Lebensmittel in der Stadt zu Ende gingen. Sauary giebt dem Kaiser einen guten Rat: Er solle bei Anbruch der Nacht eine Menge Vieh in die Nähe von Bordeaux treiben lassen. Alsbald würden die Franzosen die Stadt verlassen, um sich desselben zu bemächtigen. Inzwischen sollten 10,000 Deutsche bereit sein, die Franzosen bei ihrer Rückkehr nach der Stadt zu überfallen und in die Stadt einzudringen. Diese List findet allgemeine Billigung. Gerasme beschliesst, die Deutschen bei der

Abendmahlzeit zu überfallen. Der Ueberfall gelingt, und viele Feinde fallen unter den Streichen der Franzosen; sobald sich aber die Deutschen kampfbereit gemacht haben, befielt Gerasme den Rückzug. Sie werden indessen von den Deutschen eingeholt, und es entbrennt ein heftiger Kampf. Die Franzosen thun Wunder der Tapferkeit, sehen sich aber plötzlich von zwei Seiten angegriffen. Nämlich der Herzog Sauary hatte sich mit 10,000 Mann, wie verabredet worden war, in den Hinterhalt gelegt. Da hatte er den Kampfeslärm gehört und war herbeigeeilt. Gerasme findet den Tod durch die Hand des Kaisers; auch alle übrigen fallen, und nur Bernard gelingt es, auf dem schnellen Ross Amphage sein Leben zu retten. Die Deutschen verfolgen ihn nicht weiter, sondern kehren zu ihren Zelten zurück. Bald aber versuchen sie aufs neue einen Sturm auf die Stadt, und diesmal gelingt es ihnen, dieselbe einzunehmen. Sobald sich der Kaiser Herr der Stadt sieht, befiehlt er sogleich, dass niemand den Frauen und Jungfrauen Gewalt anthue, dass man nicht die Kirchen zerstöre oder Feuer anlege und dass alle diejenigen geschont würden, welche sich in die Kirchen geflüchtet hatten. Als Esclarmonde sieht, dass der Feind die Stadt eingenommen hat, macht sie Bernard den Vorschlag, er solle ihre Tochter Clairette nach Clugny zu Huons Oheim bringen, während in C der Vorschlag von Bernart ausgeht. Bei Nacht soll Bernard die Stadt verlassen. Darauf giebt sich Esclarmonde dem Kaiser gefangen, nachdem sie von ihm die Zusicherung erhalten hat, dass alle Einwohner geschont werden sollen. Als es Abend geworden, verlässt Bernard mit Clairette heimlich die Stadt. Ueber Mongleue (Monglew), welches jetzt Lyon sur le Rosne heisst, sagt P, und Mascon gelangt er nach Clugny, wo er dem Abt, dessen Name hier nicht genannt wird, die Geschichte von dem Fall von Bordeaux erzählt und ihm Clairette übergiebt. Der Abt sorgt für eine Dame zur Erziehung des Kindes und eine Amme. Indessen hat der Kaiser Esclarmonde und die übrigen Gefangenen nach Mainz führen und dort in den Kerker werfen lassen. Er selbst lässt sich von dem ganzen Lande Bordeaux huldigen und kehrt darauf nach Mainz zurück. Nachdem P die Ereignisse in Bordeaux an dieser Stelle nachgeholt hat, kehrt sie zu Huon zurück, welchen wir in dem Schlosse auf dem Magnetfelsen verlassen hatten. Er war dort in Gefahr, Hungers zu sterben, weil er zu seinem Unterhalt nur Früchte hatte. So sitzt er eines Tages sinnend auf einem Sessel; sein langer Mantel fegt den Staub von dem Fussboden weg, und er entdeckt an der Stelle Buchstaben, welche ihm sagen; dass sich unter ihm ein Keller befinde, wo Brot, Fleisch, Wein und alle möglichen Speisen aufgetischt seien. Wer aber eine Todsünde begangen habe und davon esse, falle sogleich tot zu Boden. Huon ist sich keiner Todsünde bewusst und begiebt sich nach dem Keller, nachdem er an dem Sessel den Schlüssel zu demselben gefunden hat. Er steigt eine Treppe hinab und gelangt in den Keller, in dem sich ein grosser Ofen befindet. Dort gewahrt er zehn Männer, von denen vier die Speisen und die Brote bereiten. Darauf reichen sie die Brote zwei anderen, welche sie auf ein kostbares seidenes Tuch legen; andere Männer geben die Brote einem Mann, der sie in den Ofen schiebt, und auf der anderen Seite des Ofens nimmt ein Mann das Gebäck wieder heraus. Darauf legt es ein Knabe in einen Korb. Huon begrüsst die Männer, erhält aber keine Antwort. Da beschwört er sie bei Gott, dem Vater, dem Sohn, und dem heiligen Geist, bei der Jungfrau, allen Heiligen, Engeln und Erzengeln, ihm zu sagen, wer sie seien. Einer der Männer antwortet Huon, dass er nur mit dem Leben davonkomme, weil er Christ sei; jeder Heide oder Sarazene, der hierher komme, müsse sterben. Darauf zeigt er Huon ein Zimmer, wo dieser alle möglichen Speisen finden werde. Er bittet ihn aber, nicht weiter zu fragen, wer sie seien. Doch Huon besteht auf seiner Frage. Darauf sagt der Mann, er werde ihm seine Frage beantworten, dann aber kein Wort mehr sprechen. Er teilt nun Huon mit, dass Julius Cesar (Ceser), der Vater König Oberons, das Schloss durch Zauberkunst habe entstehen lassen. Er habe den grossen Pompee und den König Tholomeus von Aegypten besiegt und des letzteren Land dessen Schwester Cleopatris (Cleopatre) übergeben, welche sich später mit Marchus Anthonius (Marcus Antonius) vermählt habe. Dann sei Julius Cesar mit der Dame der verborgenen Insel nach dem Schloss gekommen. Hier hätten ihn drei Könige aus dem Geschlecht des Tholomeus belagert, hätten aber das Schloss nicht einnehmen können. Als sie hätten wegfahren wollen, wären sie von dem Magneten festgehalten worden, und so seien sie alle vor Hunger umgekommen. Die Schätze der drei Könige habe Julius Cesar nach dem Schlosse bringen lassen. Vor seinem Tode habe er ihn zum Hüter des Schlosses eingesetzt, und er müsse hier bleiben bis zum Ende der Welt. Sein Name sei Gloriadas. Nachdem Huon dieses vernommen, begiebt er sich in das Zimmer, um zu essen und zu trinken. Die Männer, welche er noch einmal anredet, antworten ihm nicht mehr. Einen ganzen Monat verlebt Huon in dem Schlosse, ohne dass sich ihm ein Mittel zeigt, dasselbe zu verlassen. Eines Tages gewahrt er ein Schiff, welches mit vollen Segeln auf den Magneten zusteuert. Als es angelangt ist, sieht der Herr desselben Huon an dem Fenster des Schlosses und begrüsst ihn im Namen seines Gottes Mahon. Huon fragt ihn, wer er und seine Gefährten seien, worauf der Herr des Schiffes entgegnet, er sei aus der spanischen Stadt Luyserne (Luysarne), und seine Begleiter seien Kaufleute aus Portugal (Portyngale). Sie kämen mit reicher Ware von Acre; ein Sturm habe sie von ihrem Wege abgeführt. Auf ihrer Fahrt seien sie einem Schiffe begegnet, welches dem Versinken nahe gewesen sei. Auf ihm hätten sich der Bischof von Lissabon und sein Kaplan befunden. Diese hätten sie in ihr Schiff aufgenommen. Darauf entgegnet ihm Huon, er dürfe mit den Seinen nach dem Schlosse kommen, wo er genug Speise und Trank finden werde, wenn er und seine Begleiter das Christentum annehmen wollten. Die Heiden erklären sich dazu bereit. Huon fordert den Bischof und seinen Kaplan auf, nach dem Schlosse zu kommen. Diese steigen hinauf und begrüssen Huon. Er fragt sie, woher sie seien. Ueber dem folgenden Kapitel zeigt Pf¹ die Ueberschrift: Le second liure du preulx et vaillät Huon de Bordeaulx Die entsprechende Ueberschrift haben Pf¹ und Pf², wogegen Pe diese Ueberschrift fehlt, indem in ihr das eben behandelte Kapitel mit dem folgenden zu einem verschmolzen ist (Kap. CXVII). Auf Huons Frage nach seiner Herkunft antwortet der Bischof, er stamme aus Bordeaux, wo er 20 Jahre gewesen sei. Er habe eine Reise nach dem heiligen Grabe unternommen, aber das Schiff sei gescheitert, und nur durch die Sarazenen sei er mit seinem Kaplan gerettet worden. Er habe den Sarazenen fälschlich mitgeteilt, er sei Bischof von Lissabon, damit sie ihn besser behandelten. Der Bischof bemerkt, dass Huon dem Herzog Seuin (Seuyn) von Bordeaux gleiche, nur viel jünger sei. Seuin habe ihm das Bistum Mailand (Myllayne=frz. Milan) verliehen. Der Bischof zeigt sich vollständig unterrichtet über Huons Streit mit Karl dem Grossen und mit dem Kaiser von Deutschland, und endlich stellt es sich heraus, dass der Bischof Huons Cousin ist. Huon führt den Bischof und dessen Kaplan in das Speisezimmer, fragt sie aber zuvor, ob sie keine Todsünde auf dem Gewissen hätten, da sie sonst nichts von den Speisen und Getränken anrühren dürften, bevor sie nicht gebeichtet hätten. Da beide erst vor kurzem von dem heiligen Vater in Rom Absolution erhalten haben, dürfen sie ohne Gefahr essen und trinken. Nach dem Mahle bittet Huon den Bischof, sich nach dem Schiffe zu begeben, um die Heiden zu taufen. Er werde mitgehen, und wer sich weigere, das Christentum anzunehmen, dem werde er den Kopf abschlagen. Sie kommen auf das Schiff, wo der Herr desselben, Clinas (Elinus), bereits die Seinen bestimmt hat, sich taufen zu lassen. Zehn der Sarazenen aber wollen sich nur taufen lassen, um nicht vor Hunger zu sterben; im Herzen beschliessen sie aber, dem Gesetze Mahons nicht untreu zu werden. Alle Sarazenen werden getauft. Darauf holen der Bischof und sein Kaplan Speisen und Wein aus dem Schlosse und bringen sie nach dem Schiffe. Sobald die zehn Männer, welche dem Gesetze Mahons in ihrem Herzen treu geblieben sind, davon essen, fallen sie tot zu Boden. Hierauf verlassen alle das Schiff und begeben sich mit ihrem Hab und Gut nach dem Schlosse, wo sie alles finden, dessen sie bedürfen. Huon aber hat keine Ruhe, da er immer an sein Weib und Kind denken muss. [780 – 1131; 356, 88—425, 18.]

§ 199. Nach C haben wir Huon verlassen, wie er sich zuletzt allein unter Leichen auf seinem Schiffe befindet. In seiner Verzweiflung richtet er ein Gebet an die heilige Jungfrau um Rettung. Plötzlich vernimmt er ein Geräusch und sieht, wie ein Greif heranfliegt, welcher die Leichen gewittert hatte. Ermüdet vom langen Fluge — beinahe ist er ins Meer gefallen — lässt sich der Vogel, welcher die Grösse eines Rosses hat, auf dem Mast nieder, und dieser biegt sich unter seiner Last. Die aus dem zwei und einen halben Fuss langen Schnabel heraushängende Zunge, die Krallen, von denen die kürzeste die Länge von anderthalb Fuss hat, flössen Huon Furcht ein, und aufs neue ruft er die heilige Jungfrau um Hilfe an. Als das Ungeheuer sich ausgeruht hat, ergreift es einen der Leichname mit seinen Krallen, schwingt sich wieder auf den Mast und fliegt davon, um die Beute seinen Jungen zuzutragen. Dies wiederholt sich täglich. Huon sagt sich, dass Land in der Nähe sein müsse, wo der Vogel nistet, und beschliesst, sich von ihm hinwegtragen zu lassen. Er rüstet sich und legt sich unter die Toten. Der Greif kehrt, wie er zu thun gewohnt ist, zurück und ergreift, nachdem er sich auf dem Mast ausgeruht hat, Huon mit seinen Krallen, da ihm dieser in seiner Rüstung dicker und fetter zu sein scheint als die übrigen. Zwar dringen Huon die Krallen ins Fleisch, sodass er zu bluten beginnt; doch wagt er keinen Laut von sich zu geben. Endlich gewahrt er eine Insel, nach welcher sich der Vogel wendet. Ein Berg erhebt sich auf ihr. Die Insel gehört dem Admiral von Persien, ist aber der Greifen wegen von keinem Menschen bewohnt. Es ist eine heilige Stätte, wo kein Sturm, kein Ungewitter tobt, denn Jesus hat einst dort ausgeruht und den Ort gesegnet. Mit allen Früchten der Erde ist das Gras bedeckt, und aus dem Boden sprossen die schönsten Bäume. Aus dem Berge sprudelt, ein Werk Jesu, eine Quelle hervor, und hier befindet sich auch der Baum der Jugend. Wer von seiner Frucht isst, wird wieder jung, wäre er auch tausend Jahre alt. Hier legt der Greif seine Last nieder, um sich zunächst an der Quelle von dem anstrengenden Fluge zu erholen. Als er aber Huon sich erheben sieht, kommt er mit offnem Schnabel auf ihn zu und streckt ihn mit einem Hiebe zu Boden, ehe dieser sein Schwert zu ziehen vermag. Huon springt wieder auf und schlägt dem Ungeheuer einen Fuss ab. Auf das Geschrei desselben eilen seine Jungen herbei; doch gelingt es Huon, eines von ihnen, sodann den alten Greifen und endlich die übrigen Jungen zu töten. Nach bestandenem Kampfe nimmt Huon den Helm ab und stillt seinen Hunger mit der Frucht vom Baume der Jugend. Kaum hat er davon genossen, als er keinen Schmerz mehr fühlt. [Etwas anders erzählt P Huons Abenteuer mit den Greifen. Huon sieht eines Tages von einem Fenster im Schlosse des Magneten aus einen ungeheueren Vogel über das Meer heranfliegen. Er lässt sich auf dem Maste eines Schiffes nieder, fliegt dann in das Schiff, in dem sich die Leichen der zehn Männer befinden, welche nicht an Gott hatten glauben wollen, und trägt einen dieser Leichname hinweg. Der Greif richtet seinen Flug nach einem krystallhellen Felsen. Huon fasst den Entschluss, falls der Vogel zurückkehre, sich von ihm hinwegtragen zu lassen; doch teilt er dem Bischof und den anderen seine Absicht zunächst nicht mit. Die ganze Nacht denkt Huon an sein Unternehmen, und, sobald es tagt, sieht er von dem Fenster aus den Greifen wieder nahen, und wieder trägt derselbe eine Leiche nach dem Felsen. Dieser, heisst es in P, trägt den Namen Alexanders, weil derselbe, nachdem er die Wüsten Indiens durchschritten und mit den Bäumen der Sonne und des Mondes gesprochen hatte, sich in einer Quelle am Fusse des Felsens badete. Nachdem der Greif die zweite Leiche geraubt hat, beschliesst Huon, bei Lebensgefahr seinen Entschluss auszuführen, da ihn die Sorge um sein Land, um Weib und Kind forttreibt, und er teilt nun seine Absicht dem Bischof und den anderen mit. Als ihre Bitten und Thränen Huon nicht zurückhalten können, nimmt ihm der Bischof die Beichte ab und giebt ihm das heilige Abendmahl. Darauf rüstet sich Huon, begiebt sich nach dem Schiff und legt sich mit dem blanken Schwert in der Hand unter die Leichen. Wie in C wird er von dem Greifen davongetragen und besteht wie dort den Kampf mit dem alten Vogel und seinen Jungen. Eine Abweichung von C findet sich nur insofern, als sich Huon mit dem Schwert in der Hand unter die Toten legt und so bei Beginn des Kampfes nicht zu Boden geworfen wird, sondern dem Greifen sogleich einen Fuss abschlägt. Ferner erfahren wir, dass fünf Junge Huon angreifen und dass Huon in dem alten Greifen das Weibchen getötet hat, während das Männchen bereits von den Jägern eines persischen Königs erlegt worden ist, dem es ein Ross zerrissen hatte. Ausserdem wird der Kampf weiter ausgemalt als in C; erst mit Hilfe eines Messers, welches er aus dem Schlosse des Magneten mitgenommen hat, gelingt es Huon, der, vom Greifen zu Boden geworfen, sein Schwert hat fallen lassen, das Ungeheuer zu töten. Ermüdet erblickt Huon am Fusse des Felsens eine Quelle, welche in kunstvoller Weise ausgemauert ist und gewahrt auf dem Grunde derselben kostbare Edelsteine an Stelle des Sandes. Hier erst wird die Quelle, wie in C, die Quelle der Jugend genannt; doch heisst es abweichend, dass derjenige von jeder Krankheit genese, der sich darin badet. Huon trinkt daraus, und seine Wunden sind plötzlich geheilt. Nachdem er sich auch darin gebadet hat, erblickt er einen Apfelbaum und stillt seinen Hunger mit einer der Früchte. Von irgend welcher Wunderwirkung, wie in C ist·nicht die Rede. Huon schickt sich an, so viele Aepfel zu pflücken' dass er für sechs Tage zu essen habe. |1132—1301; 425, 19—35, 26.]

§ 200. Als Huon noch von der Frucht des Baumes isst, erzählt uns C weiter, erscheint ihm ein Engel, welchen Jesus geschickt hat. Der Engel bringt ihm den Befehl, nur drei Aepfel vom Baume der Jugend zu pflücken. Wer davon esse, dessen Wunden heilten und er sei sogleich wieder im Alter von dreissig Jahren. Dann solle Huon vom Berge hinabsteigen. Er werde einen Fluss und darin ein Schiff finden, welches Auberon ihm zu Hilfe gesandt habe. Der Fluss strahle infolge von Steinen, welche Gott hineingelegt habe, wie die Sonne im Sommer. Von allen Bäumen dürfe Huon pflücken, um sich mit Lebensmitteln zu versehen, nur den Baum der Jugend dürfe er nicht mehr berühren. Sodann erfährt Huon auf sein Befragen von dem Engel, dass der Kaiser von Deutschland Bordeaux eingenommen und Esclarmonde zu Mainz in den Kerker geworfen habe, wo ihre Schönheit dahinschwinde, dass jedoch Clarisse nach Clugny in Sicherheit gebracht worden sei, wo sie der Abt in seine Obhut genommen habe. Huon kommt dem Befehle des Engels nach, pflückt drei der Aepfel vom Baume der Jugend und macht sich auf, den Fluss zu suchen. Da er einen neuen Angriff von Greifen fürchtet, setzt er seinen Helm wieder auf. Die Tiere, welche ihn erblicken, betrachten verwundert seine Rüstung. Hirsche laufen ihm nach, da noch nie ein menschliches Wesen den Ort betreten hat. Am folgenden Tage gelangt Huon zu dem Flusse, dessen Glanz er staunend betrachtet. Der Fluss hat den Namen Iplaire; in ihm badete einst Jesus. All das Wasser, welches aus der Quelle der Jugend dem Flusse zufliesst, wird zu Stein, sobald es von ihm aufgenommen wird. Der Ort ist heilig; niemand kann ihn finden, wenn Gott ihn nicht dahin schickt. Huon gelangt zu dem Schiffe, steigt ein und segelt den Fluss hinab, nachdem er sich zuvor noch mit allen möglichen Früchten versehen hat. Sehen wir zu, wie uns P berichtet: Als Huon im Begriff ist, Früchte vom Baume der Jugend zu pflücken, wird es plötzlich ganz hell und er hört eine Engelstimme, welche ihm denselben Befehl bringt, nur drei der Aepfel zu pflücken. Auch hier wird den Früchten die Kraft zugeschrieben, jeden, der davon isst, sogleich in ein Alter von dreissig Jahren zurückzuversetzen. Huon verspricht zu gehorchen und fragt den Engel nach Esclarmonde und Clairette. Er erfährt, dass der Kaiser von Deutschland Gironuille (Geronnell) und Bordeaux eingenommen und Esclarmonde in Mainz gefangen gesetzt, dass Bernard aber Clairette nach Clugny gebracht und der Obhut des Abtes unterstellt hat. Hier teilt der Engel, abweichend von C, Huon auf dessen Befragen auch mit, dass Gerasme, Richer und Othon im Kampfe gefallen sind. Der Engel prophezeit Huon, dass er Frau und Kind wiedersehen, bis dahin aber noch viel zu leiden haben werde, worauf Huon dem Kaiser den Tod schwört, falls sich die Prophezeiung erfülle. Auf Huons Frage, wie er den Ort wieder verlassen könne, sagt ihm der Engel, er solle drei Aepfel vom Baume der Jugend pflücken und dann einen Fussteig rechter Hand einschlagen. Er werde an ein Wasser kommen und dort ein Schiff finden, welches ihn nach dem Hafen führen werde, in den einzulaufen ihm bestimmt sei. Es fehlt demnach die Bemerkung, dass Auberon das Schiff geschickt hat. Zuvor soll sich Huon aber mit Früchten aus einem dort gelegenen Garten versehen. Huon kommt dem Befehle nach und betritt den Fussweg, welcher sich zwischen dem Garten und einem Bache hinzieht, der aus der Quelle hervorgeht und in den Fluss mündet. Dieser Bach erglänzt von den prächtigsten Edelsteinen. Davon, dass Huon aus Furcht von einem neuen Kampfe mit Greifen seinen Helm wiederaufsetzt und dass ihm die Tiere verwundert nachlaufen, weiss P nichts. Ebenso wird in ihr nicht erwähnt, dass das Wasser, welches aus der Quelle der Jugend hervorgeht, bei seinem Eintritt in den Fluss zu Stein wird und dass der Ort heilig ist, dass ihn niemand finden kann, wenn Gott ihn nicht dahin schickt. Nachdem sich Huon mit Früchten von vierzehn Sorten versehen hat, besteigt er das Schiff, welches ihn mit grosser Geschwindigkeit davonträgt. Der Fluss führt den Namen Dilaire (Dyplayre). [1802—94; 435,27—89,30].

§. 201. Als Huon, fährt C fort, mehr als fünfzehn Meilen den Fluss hinabgesegelt ist, hört er eines Abends ein starkes Geräusch und sieht den Fluss von einem schwarzen Berge umgeben. Dieser hat den Namen Tenebree. Der Fluss mündet hier nämlich in den pechschwarzen Strudel von Galilüa. Huon, von dem Tosen und der ihn umgebenden Finsternis in Schrecken gesetzt, hält sich nahe am Ufer und sucht das Schiff durch Hineinwerfen von Gestein so zu beschweren, dass es aufhört dem Strudel zuzusteuern. Doch gelingt es Huon nicht; vielmehr fährt das Schiff in den Strudel hinein. Drei Tage liegt Huon in Ohnmacht. Als er erwacht, ruft er Auberon, Gott, das heilige Grab und Jesus um Hilfe an, und sein Gebet wird erhört. Endlich nämlich gewahrt er einen Lichtschimmer und sieht sich mit seinem Schiffe auf ruhigem Meere, wo sich kein Windhauch bemerkbar macht. Er sieht Land und viele Menschen, Städte, Schlösser und Häuser. Es ist die Stadt Bocident, welche vor ihm liegt. Die Sarazenen feiern ein Fest zu Ehren Mahomeds, und mehr als hundert Kaufleute aus Acre sind anwesend. Als man das Schiff Huons in den Hafen einlaufen sieht, eilt man ihm entgegen; indessen kann er die Sprache der Leute nicht verstehen, vermag sich jedoch durch einen der herbeigelaufenen Dolmetscher verständlich zu machen [In ähnlicher Weise wird uns die Fahrt auf dem Flusse und durch den Strudel in P erzählt. Huon segelt auf dem Schiffe den Fluss hinab. Die Kostbarkeit des Fahrzeuges wird hier ausführlich geschildert. Drei Tage und drei Nächte ist Huon bereits auf dem Wasser, als er bemerkt, dass die Felsen an beiden Ufern sich immermehr nähern. In einer Nacht bricht ein heftiger Sturm und ein schreckliches Hagelwetter los. [Es wird immer dunkler, und es herrscht eine eisige Kälte. Huon hört Stimmen, welche über ihr Schicksal seufzen und den Augenblick ihrer Geburt beklagen. Als Huon hungert, isst er von den mitgenommenen Früchten. Nach dreitägiger Fahrt ist ein donnerndes Tosen zu vernehmen, als ob alle Flüsse der Welt von den Felsen herabstürzten. Huon befindet sich in dem Strudel zwischen dem persischen Meer und dem Ocean. In seiner Angst betet er um Hilfe. Da erhebt sich ein heftiger Sturm, und glühende Eisenstangen stürzen in das Wasser, sodass dieser hoch aufzischt. Das Schiff treibt durch den Sturm dem Ufer zu. Es gelingt Huon zu landen, und er steigt aus. Geblendet steht er vor dem Glanze der Diamanten, welche den Grund des Flusses bedecken. Mit dem Ruder wirft er so viele davon in sein Fahrzeug, bis dieses genügend beladen ist. Darauf steigt er wieder ein und wird bald von dem Strudel aufs neue fortgerissen. Am elften Tage endlich gelangt er in das ruhige persische Meer und sieht bald eine Stadt vor sich liegen, deren Hafen voller Schiffe ist. Es ist die Stadt Thauris in Persien. Der Herrscher des Landes gestattet Kaufleuten jeder Religion Zutritt. Huon geht in dem Hafen vor Anker. Im Folgenden weicht P wesentlich von C ab, indem P von der Reise des Grafen Bernard erzählt, welcher sich aufmacht, Huon aufzusuchen und ihn endlich in Thauris findet, während C von dieser Reise nichts weiss. Bernard hat Clairette nach Clugny gebracht und teilt dem Abt den Entschluss mit, Huon aufsuchen zu wollen. Der Abt giebt dem Grafen zur leichteren Ausführung seiner Reise tausend Gulden, und dieser schifft sich in Venedig nach dem heiligen Grabe ein. Er langt in Jaffa an und setzt von da aus seinen Weg nach Jerusalem fort. Nach achttägigem Aufenthalt wendet er sich nach Kairo und nach Babylon. (Pe bietet »Kayre in Babylone«.)

Ausg. u. Abh. (Schwelngel.) 4

In Gasere, welches in der Nähe der Wüste liegt, stösst er auf Kaufleute, welche sich auf dem Wege nach Thauris befinden. Von einem derselben, einem Genuesen, erfährt er, dass in Thauris ein grosser Freimarkt abgehalten werde, wo christliche wie heidnische Kaufleute ihre Waren ausstellen würden. Bernard schliesst sich den Kaufleuten an und kommt nach Thauris. Acht Tage ist er bereits in der Stadt, ohne etwas von Huon zu hören. Da gewahrt er eines Tages im Hafen ein kleines Schiff, welches von einem wunderbaren Glanze strahlt und in dem sich nur ein Mann befindet. Es ist natürlich das Fahrzeug Huons, welches soeben eingelaufen ist. Bernard und Huon erkennen sich nicht. Bernard begrüsst den vermeintlichen Fremden, in dem er einen Christen erkennt, und dieser fragt Bernard, als er seine Muttersprache, Französisch, vernimmt, nach dessen Heimat und was er suche. Bernard erzählt ihm, wie er sich aufgemacht habe, seinen Herren, den Fürsten von Bordeaux, aufzusuchen. Dieser habe sein Land verlassen, um Hilfe gegen seinen Feind, den Kaiser von Deutschland, herbeizuholen. Inzwischen sei Bordeaux eingenommen und Esclarmonde mit dreihundert Rittern nach Mainz geführt worden. Huon erkennt an diesem Bericht Bernard, kann sich ihm aber nicht zu erkennen geben, da der Schmerz seine Stimme erstickt. Bernard fragt ihn, ob er nichts von Huon wisse; sodann macht er ihn auf die ungeheueren Schätze aufmerksam, welche er in seinem Schiffe berge. Erst dadurch wird Huon auf den Wert der Steine aufmerksam, die er in sein Fahrzeug nur geworfen hat, um es zu beschweren. Bernard errät, dass die Steine von einem heiligen Orte stammen, da er von einem Steinsammler in der Steinkunde unterrichtet worden ist. Darauf erzählt Huon, wie er zu den Steinen gekommen sei und dass er nicht geahnt habe, solche Schätze damit erworben zu haben. Bernard erblickt in dem Schiffe auch den Fuss eines ungeheueren Vogels und fragt Huon, welchem Ungetüm er angehört habe. Es ist einer der Greifenfüsse. Huon beantwortet indessen die Frage zunächst nicht, sondern fragt erst seinerseits, welchen Wert seine Steine haben und in welcher Stadt er sich befinde. Bernard teilt ihm mit, dass die Stadt Thauris heisse und einem mächtigen Admiral gehöre, welcher ganz Persien und Medien beherrsche. Sodann steigt er in Huons Schiff und lehrt diesen die verschiedenen Steine unterscheiden. Als Huon seinen Helm abnimmt, bemerkt Bernard, dass er sehr seinem Herren, Huon von Bordeaux, gleiche. Nun erst giebt sich Huon zu erkennen. Er erzählt Bernard alle seine Abenteuer bis zu seiner Ankunft in Thauris, beantwortet auch die Frage nach dem Vogelfusse und lässt sich von Bernard noch einmal die Ereignisse in Bordeaux mitteilen. Dann erklärt ihm Bernard die Kraft, welche den einzelnen Steinen innewohnt. So hat der eine Kraft, dass der, welcher ihn trägt, nicht vergiftet werden kann, dass er Feuer zu durchschreiten vermag, ohne sich zu verbrennen und einen Fluss, ohne zu ertrinken. Ein anderer verleiht dauernde Gesundheit; sein Besitzer spürt nie Hunger noch Durst und scheint nie das dreissigste Jahr zu überschreiten. Ein dritter schützt vor Verwundung und Ueberwindung durch den Feind und giebt Blinden das Augenlicht wieder. Umgekehrt macht er den Feind blind, sobald er ihm gezeigt wird; auch heilt er Wunden. Ein anderer Stein giebt jedem die Gesundheit wieder, befreit aus dem Gefängnis und verleiht dem, welcher ihn in der Hand hält, die Macht unsichtbar zu werden. Um seine Behauptung zu bestätigen, nimmt Bernard den Stein in die Hand und ist den Augen Huons solange entzogen, bis er die Hand öfnet. Endlich findet sich unter den Steinen ein strahlender Karfunkel, welcher dem, der ihn trägt, die Fähigkeit verleiht, einen Fluss zu überschreiten, ohne ins Wasser zu sinken. Bei Nacht kann der Stein auch zum Leuchten dienen. Sein Besitzer wird in der Schlacht nicht den Tod finden, und nicht wird das Pferd desselben ermüdet stürzen. Alle diese Steine beschliesst Huon für sich zu behalten. Während sich Huon und Bernard noch unterhalten, sind viele Sarazenen und Heiden herbeigekommen, welche die Steine bewundern, und Kaufleute wollen einige derselben erwerben; doch erwidert Huon, dass sie ihm erst am anderen Tage feil seien. Durch den Auflauf aufmerksam geworden, hat sich der Admiral nach der Ursache erkundigt und kommt nach dem Hafen. Als geforderten Tribut giebt ihm Huon zwei der Steine. Der eine hindert, dass sein Besitzer je vergiftet werden kann und bewirkt, dass der, welcher ihn zu vergiften sucht, selbst auf der Stelle stirbt. Der andere Stein schützt vor dem Tode durch Feuer, Wasser und Eisen. Nunmehr gibt der Admiral Huon die Erlaubnis, frei mit seiner Ware zu handeln. Er versteht Huons Sprache sehr wohl, da er selbst ungekannt einst am Hofe Karls des Grossen gedient hat. [1395—1488; 440,1—58,5.]

§. 202. Wir sind der Erzählung in C bis zur Ankunft Huons im Hafen vor Bocident gefolgt. Die Reise Bernards ist in P eingeschoben. Die zwischen Huon und Bernard stattfindende Unterhaltung wird in C zwischen Huon und einem Kaufmanne geführt. Als nämlich Huon vor Anker gegangen ist, betritt ein Kaufmann, Namens Climent, das Schiff und fragt ihn, ob er von vornehmer Herkunft oder Kaufmann, und wie er dem Strudel entgangen sei. Huon erzählt ihm sein Abenteuer mit dem Magneten und den Greifen. Auch hier macht der Kaufmann Huon erst auf den Wert der Steine aufmerksam, ohne jedoch von irgend welcher Wunderkraft derselben zu sprechen. Wie Bernard ist auch der Kaufmann über die Aehnlichkeit des Fremden mit Huon, dem Sohne Seuins von Bordeaux, überrascht, worauf sich ihm Huon zu erkennen giebt. Inzwischen hat der Admiral von der Ankunft eines fremden Schiffes gehört und begiebt sich nach dem Hafen. Er begrüsst Huon und fragt nach dem Besitzer des Schiffes. Für Huon richtet der Kaufmann das Wort an den Herrscher und berichtet ihm, dass Huon im Strudel seine Leute verloren habe. Sodann überreicht er dem Admiral vier der Steine, wofür dieser hoch erfreut dankt. Ein Tribut, wie in P, wird von dem Fremden nicht erhoben. Huon selbst schenkt dem Admiral noch elf Steine und bittet ihn dafür, alle von ihm gefangen gehaltenen Franzosen freizugeben. Der Admiral erfüllt seine Bitte, und vierhundert Franzosen verlassen das Gefängnis. Huon lässt sich von ihnen Treue schwören und fordert sie zu einer Fahrt nach dem heiligen Grabe auf. Gern willigen sie ein. Als der Admiral von dem Vorhaben hört, liefert er Huon Schiffe, allen möglichen Proviant sowie Gold und Silber. Wenn er nicht zu alt wäre, sagt er, würde er selbst das heilige Grab aufsuchen und sich taufen lassen. Hierauf erbietet sich Huon, ihn durch einen Apfel vom Baume der Jugend in ein Alter von zwanzig Jahren zurückzuversetzen. Vor allem Volke isst der Admiral den Apfel und erscheint sofort in einen jungen Mann umgewandelt; nun nimmt er und sein Volk das Christentum an. Der Admiral erhält in der Taufe den Namen Gaifier. Klöster und Kapellen sowie drei Erzbistümer werden errichtet. Darauf lässt der Dichter eine Beschreibung von Bocident folgen. Von hier aus ist das Ende der Welt zu sehen. Bocident ist eine Insel, auf der einen Seite von dem Eismeer, auf der dritten und vierten Seite von dem galiläischen Meer, auf der fünften vom Salzmeer bespült, in dem sich der Strudel befindet. Huon und Gaifier stechen mit einer grossen Flotte in See und laufen eines Abends in den Hafen von Orbrie in Galiläa ein. Sie überfallen die Heiden im Schlafe, erstürmen das Schloss, metzeln alles nieder und plündern die Stadt aus, worauf sie dieselbe in Brand stecken und ihre Fahrt nach Acre fortsetzen. Ein starker Wind zwingt die Kreuzfahrer, in der Nähe eines Berges vor Anker zu gehen. Der Admiral erkennt den Berg als einen gefährlichen Ort wieder, weil sich oft ein Teufel dort befindet, der die Schiffe vernichtet. Als Huon davon hört, begiebt er sich allein ans Land, um den Teufel aufzusuchen. Kaum hat er das Schiff verlassen, als durch einen heftigen Sturm die Anker brechen und die Schiffe unaufhaltsam davongetrieben werden. [In ähnlicher Weise erzählt P die Ereignisse von der Begegnung Huons mit dem Admiral an bis zu ihrer unfreiwilligen Trennung. Huon teilt dem Admiral zunächst seine Abenteuer mit, und dieser ist erstaunt, dass Huon sein Gott stets aus der Gefahr errettet hat. Wenn er nicht den Zorn seiner Unterthanen fürchtete, würde er selbst die Taufe annehmen. Huon verspricht ihn durch einen der wunderbaren Aepfel ins Alter von dreissig Jahren zurückzuversetzen, wenn er den christlichen Glauben annehme. Der Admiral erklärt sich dazu bereit, welche Folgen auch für ihn daraus entstehen mögen. Hand in Hand begeben sich der Admiral und Huon nach dem Palaste, und Bernard bleibt allein bei dem Schiffe zurück. Nach einem glänzenden Festmahle lässt der Admiral auf einem freien Platze eine prächtige Bühne aufschlagen und beruft dahin das Volk, Ritter und Barone. Von der Bühne aus fordert er sie auf, ihrem Gotte Mahomed zu entsagen und den christlichen Glauben anzunehmen, wie er zu thun beabsichtige, nachdem ihm dieser fremde Ritter von seinen Abenteuern erzählt habe, aus denen ihn nur sein Gott errettet haben könne. Ausserdem werde Gott durch den Ritter jetzt an ihm ein Wunder vollbringen. Er erzählt ihnen von der Eigenschaft des Apfels zu verjüngen. Das Volk erklärt sich bereit, ebenfalls das Christentum anzunehmen, wenn solch ein unglaubliches Wunder geschehe. Der Admiral isst den Apfel und wird sogleich wieder zu einem dreissigjährigen Manne, worauf er und sein Volk sich von einem Bischof von Griechenland, welcher zufällig als Bote des Kaisers Constantin von Constantinopel anwesend ist und von fünfzehn anderen, ebenfalls zufällig anwesenden Priestern taufen lassen. Der Admiral empfängt nach seinem Paten den Namen Huon. Da er nur eine einzige Tochter hat, bietet er Huon die Hand derselben und damit sein Reich als Erbe an. Huon erklärt ihm indessen, er sei bereits seit vier Jahren verheiratet, und lehnt das Anerbieten ab. Darauf erzählt er dem Admiral, wie der Kaiser von Deutschland Bordeaux belagert und eingenommen habe, und wie jetzt seine Gemahlin Esclarmonde im Kerker schmachte; auch teilt er ihm mit, dass sie die Tochter des Admirals Gaudisse, des Königs von Aegypten sei, und wie er sie erworben habe. Der Admiral verspricht Huon seine Hilfe gegen den Kaiser. Auch diese lehnt Huon jedoch ab, da er im Strudel gelobt hat, dass, errette ihn Gott aus demselben, er eine Pilgerfahrt nach dem heiligen Grabe unternehmen und die Sarazenen bekämpfen wolle, nicht aber Christen. Der Admiral beschliesst, sich an der Pilgerfahrt zu beteiligen. Um ihn noch mehr zu verpflichten, schenkt ihm Huon sein kostbares Schiff und giebt ihm und den Rittern noch viele Steine, sodass er nur dreihundert behält. Nach umfassenden Vorbereitungen gehen der Admiral, Huon und Bernard mit einer grossen Flotte unter Segel, gelangen in das Kaspische Meer und steuern auf die am Meer gelegene Stadt Angorie (Angore) zu. Der Admiral der Stadt befindet sich gerade auf dem Turm und sieht die stattliche Flotte nahen. An den Fahnen erkennt er in den Ankömmlingen Perser, erstaunt aber nicht wenig, daneben auch Banner mit dem Kreuz zu erblicken. Er bemerkt zu seinen Baronen, dass seit der Zeit, wo Regnault von Montauban (Reyngnalte of Mountaban) die Stadt eingenommen habe, nie wieder Christen nach dem Hafen gekommen seien. Auch Huon erfährt durch den Admiral von der einstigen Einnahme der Stadt durch Regnault, dass sie aber die Christen wieder verloren hätten und sich jetzt nur Ungläubige dort befänden. Der Admiral von Angorie lässt sein Volk sogleich zu den Waffen rufen, um die Ankömmlinge abzuweisen. Diese gehen in einem kleinen Hafen, für den Feind unsichtbar, vor Anker, landen und rücken in Schlachtordnung gegen die Stadt vor. Den ersten Teil des Heeres führt Huon, den zweiten ein persischer Baron, den dritten der Admiral. Als man von der Stadt aus den Feind heranrücken sieht, schickt der Admiral auch seinerseits sein Heer vor, und es entbrennt ein furchtbarer Kampf. Huon und Bernard vollbringen Wunder der Tapferkeit, und Huon tötet den feindlichen Admiral und dessen Neffen. Die Stadt wird eingenommen und ein schreckliches Blutbad angerichtet. Wer das Christentum annimmt, bleibt am Leben, wer sich weigert, muss sterben. Die Kreuzfahrer setzen Vögte und Aufseher ein und lassen eine Besatzung zurück, worauf sie ihre Reise fortsetzen. Sie fahren den Euphrat hinab in das Meer und berühren die Wüste von Abillant (Abylante). Da erhebt sich ein heftiger Sturm, sodass die Pilger ihr Ende nahe glauben. Huon gewahrt ganz in der Nähe einen Berg und fordert den Admiral auf, dort vor Anker zu gehen. Der Admiral aber erklärt ihm, dass es ein sehr gefährlicher Ort sei; ein Teufel hause dort, der schon manches Schiff vernichtet habe und jeden erwürge, der ihm nahe. Die Matrosen werden aufgefordert, die gefahrdrohende Stätte möglichst schnell zu verlassen. Davon will aber Huon nichts wissen. Trotz der Bitten des Admirals wappnet er sich und lässt sich ans Land setzen, um nach dem Feinde auszublicken. Nach Pf' und Pe wollen Bernard und der Admiral Huon mit vierhundert Rittern begleiten, dieser aber lehnt das Anerbieten ab. Pf' und Pf' erwähnen davon nichts. Kaum hat Huon das Schiff verlassen, als ein rasender Sturm die Flotte von dem Berge wegtreibt und Huon dort allein zurücklässt. [1489—1757; 453,6—81,24.]

§. 203. C erzählt weiter, dass Huon trostlos bis gegen Abend umherirrt und plötzlich eine menschliche klagende Stimme vernimmt. Er erblickt einen grossen Sumpf, in dem ein Fass fortwährend umherrollt. In der Nähe findet er einen grossen Hammer. Verwundert begreift Huon nicht, wie sich das Fass von selbst drehen kann, als er aus demselben eine Stimme hört. Er beschwört den, welcher sich in dem Fasse befindet, ihm zu sagen, wer er sei. Augenblicklich hört das Fass auf sich zu bewegen, und die Stimme antwortet. Cain befinde sich in demselben, welchen Gott zur Strafe darin eingeschlossen habe. In dem Fasse seien Spitzen angebracht, welche ihn fortwährend stächen und vor Schmerz rollte er das Fass, um es vielleicht doch noch einmal zu zerbrechen. Er fordert Huon auf, es mit dem Hammer zu zerschlagen und ihn so zu befreien. Als Huon sich weigert, sagt ihm Cain, dass er ohne seine Hilfe den Berg nicht wieder verlassen könne, dass er ihm aber das Mittel sagen werde, wofern Huon ihm seine Seele als Unterpfand gebe, ihn sodann befreien zu wollen. Dieser geht zum Schein die Bedingung ein, und Cain teilt ihm dafür mit, dass er am Fusse des Berges einen Schiffer mit seinem Fahrzeug finden werde, der ihm ganz zu Diensten sei, sobald er sich für den grossen Cain ausgebe. Kaum hat Huon dies vernommen, als er Cain erklärt, dass er gar nicht daran denke, ihn zubefreien, da ihn Iesus selbst zur Strafe für den Brudermord eingeschlossen habe. Cain bricht in Klagen aus und gesteht ein, dass er, befreit, allerdings seinen Befreier und jedermann sogleich erwürgt haben würde. Huon ergreift den Hammer, schlägt den ihm von Cain bezeichneten Fussweg ein und findet den Schiffer, welcher der von dem Admiral genannte Teufel ist. Sobald sich Huon für Cain ausgiebt, setzt ihn der Schiffer nach der Stadt Coullandres über. [Diese Begegnung Huons mit Cain (Cayne) ist in Pf² vergessen, nicht aber in Pf¹, Pₐ² und Pe. Als Huon nach dem Entschwinden der Flotte ein Gebet gesprochen hat, heisst es in Pf² sogleich weiter: »Huon partit et prit le mail à son col, car il avait eu grand soin de ne pas l'oublier, il prit le sentier ainsi que Cain lui avait enseigné«. Damit greift der Verfasser von Pf² auf die Unterredung mit Cain zurück, hat sie selbst aber zu erzählen vergessen. Die übrigen Drucke dagegen berichten uns, dass Huon, als er den Berg erstiegen hat, vor Anstrengung zu Boden sinkt, sich aber an einer Quelle erholt. Nirgends sieht er eine Stadt, ein Schloss oder Menschen. Unter einem Baume bringt er die Nacht zu und setzt am Morgen seine Wanderung fort. Endlich gelangt er auf eine Ebne, wo fortwährend ein mit Eisen beschlagenes Fass umberrollt. Es folgt nun wie in C das Gespräch mit Cain. Indessen antwortet dieser hier erst, als Huon zum zweiten Male fragt, wer sich in dem Fass befinde. Ausführlich erzählt Cain, weshalb er seinen Bruder erschlagen hat. Mit Schlangen und Kröten ist er nun in dem Fasse eingeschlossen, um bis zum jüngsten Gericht darin zu verweilen. Abweichend von C teilt hier Cain Huon mit, dass er den Ort nicht wieder verlassen könne, wenn er nicht seinen Willen thue, ehe er Huon auffordert, ihn zu befreien und ehe dieser sich geweigert hat. Auch nennt hier Cain den Grund, weshalb Huon den Ort nicht wieder zu verlassen im stande sei. Zwei Teufel aus der Hölle kämen stets hierher, und sie würden Huons Seele in die Hölle tragen. Wenn dagegen Huon ihn befreie, verspricht Cain, so werde er ihm die Herrschaft über Jerusalem oder Frankreich oder irgend ein anderes Land geben, wenn nicht, würden die beiden Teufel ihn erwürgen und seine Seele in die Hölle tragen. Huon will Cain nicht eher befreien, als bis dieser ihm gesagt habe, wie er den Ort wieder verlassen könne, worauf ihm Cain dasselbe mitteilt, wie in C; nur fügt er hier noch hinzu, Huon solle den Hammer sich an den Hals hängen, da der Schiffer ihm dann wer glauben würde, dass er Cain sei. Während in C Huon sein Versprechen, Cain zu befreien, nie hat halten wollen, ist dies hiernach seine Absicht gewesen. Erst, als er auf seine Frage, wer Cain in das Fass eingeschlossen habe, erfährt, dass Gott selbst es gethan hat, weigert er sich, sein Wort zu halten, und er ist überzeugt, dass Gott ihm verzeihen wird Weit ausführlicher als C schildert P die Begegnung mit dem gefährlichen Schiffer. Sein Entsetzen erregendes Aussehen wird genau beschrieben und das Gespräch zwischen ihm und Huon weiter ausgedehnt. Auch hier führt die Stadt, nach welcher der Schiffer Huon bringt, den Namen Colandres (Colanders). [1758—1878; 481,25—92,1.]

§ 204. Nach C wie P kommt Huon gerade vor Colandres an, als die Stadt von seinen von ihm getrennten Freunden belagert wird, welche ebenfalls vor Colandres eingetroffen sind. P setzt bei Erwähnung der Stadt noch hinzu, dass sie einst sehr mächtig gewesen, aber vom Herzog Ogier le Danois (Ogyer ye danoyse) zerstört worden sei, als dieser nach Indien zog. Huon erklärt den heidnischen Bewohnern der Stadt, dass er Cain und gekommen sei, alle Christen zu töten, denen er begegne.

Die Heiden freuen sich, an ihm eine kräftige Unterstützung gegen die
Belagerer erhalten zu haben und beherbergen und bewirten ihn aufs
beste. Als der Admiral von Persien und die Seinen zum Angriff schreiten,
wird Huon die Führung der Sarazenen anvertraut, und er schickt sich
auch an, gegen den Feind zu kämpfen, da er von den Sarazenen gut
aufgenommen worden ist. Sobald er seine Freunde erkennt, bricht er in
Freudenthränen aus. Von einer Teilnahme an dem Kampfe gegen die
Sarazenen ist in P nicht die Rede, während in C Huon sich sogleich auf
die Seite des Admirals stellt, nachdem er sich diesem zu erkennen gegeben hat. In P geschieht letzteres erst nach dem Kampfe. Die Stadt wird
eingenommen und ein Teil der Heiden sowie der Gouverneur der Stadt
empfangen die Taufe. Auf Huons Bitten wird der Gouverneur in seiner
Stellung belassen, da er bereits kurz vorher das Christentum angenommen
hat. Die Kreuzfahrer setzen in C ihre Fahrt nach Acre fort und werden
dort freundlich aufgenommen; in P hingegen gedenken Huon und seine
Freunde über Antiochia und Damascus nach Jerusalem zu ziehen, und
von da aus will der Admiral nach dem Euphrat und zu Schiff auf diesem
nach Thauris zurückkehren, Huon aber von Jaffa aus die Rückfahrt nach
Frankreich antreten. Deshalb schickt der Admiral seine Schiffe zurück
und giebt den Befehl, dass sie im Euphrat auf ihn warten sollen. Kaufleuten
hat der Gouverneur von Colandres den Auftrag zu geben, dem Heere mit
Proviant zu folgen. Zunächst also setzen die Kreuzfahrer von Colandres aus
ihre Fahrt nach Antiochia fort und werden dort, wie nach C in Acre, von dem
Volke freundlich empfangen, wofür sie auch den Einwohnern kein Leid
zufügen. Im Folgenden weicht P wieder bedeutend von C ab. Während
nämlich in letzterer die Kreuzfahrer ihren Zug nicht über Acre hinaus aus-
dehnen, sondern von hier nach einem hartnäckigen Kampfe gegen den
Sultan, wovon sogleich die Rede sein wird, in ihre Heimat zurückkehren,
setzen sie in P ihre Fahrt von Acre ohne vorherigen Kampf über Damascus
Nappelouse (Napelous) nach Jerusalem fort. Unterwegs bestehen sie
noch allerhand Kämpfe. Von dem König Thibaut (Thybault) und dem
Patriarchen, welche von Carl dem Grossen und Constantin eingesetzt
sind, — nach Ps nur von Constantin — werden sie freundlich aufgenommen.
Sie besuchen das heilige Grab und die Tempel Salomons und des heiligen
Simeon. Wie erwähnt, haben in C die Kreuzfahrer noch einen Kampf zu bestehen. Der Sultan hat nämlich von der Bekehrung des Admirals von Persien
zum christlichen Glauben gehört, und, um ihn für seinen Abfall zu strafen,
zieht er mit einem grossen Heere vor Acre. Im Streite fällt ein vornehmer Sarazene (*aufage*) durch Huons Hand; dieser selbst aber wird
von dem riesenhaften König Agripan von Mongibel hart bedrängt.
Derselbe schlägt Huon von seinem Rosse zu Boden, umfasst ihn und trägt
ihn davon. Doch gelingt es Huon endlich, sich aus den Armen des
Riesen frei zu machen und ihn zu töten. Als den Kreuzfahrern noch
Hospitaliter und Templer zu Hilfe kommen, wendet sich der Feind zur
Flucht, worauf der Sultan auf fünf Jahre einen Waffenstillstand ab-
schliesst Da nun zunächst kein Krieg in Aussicht ist, beschliessen die
Kreuzfahrer in ihre Heimat zurückzukehren. [1879—2060 : 492ᵃ, —500,¹⁷.]

§ 205. Huon nimmt nach C Abschied von dem Admiral, besteigt
im Pilgergewande ein Schiff und kommt in Palermo an, von wo er sich
durch Burgund nach Clugny wendet. Er trifft dort unerkannt seinen
Oheim, den Abt Ouedon, dem er erzählt, er sei im heiligen Lande mit
einem Manne Namens Huon zusammengetroffen, der viele Leiden ertragen und ihm Grüsse an den Abt aufgetragen habe. Betrübt erwidert
der Abt, dass er selbst Huon aufsuchen würde, wenn er nicht so alt

wäre. Ouedon bestätigt dem Pilger, welcher nach Huons Tochter gefragt hat, dass er dieselbe erziehen lasse und erzählt ihm vom Schicksal der Esclarmonde. Darauf bittet ihn der Pilger, ihm das Kind zu zeigen. Schön geschmückt lässt der Abt Clarisse von ihrer Erzieherin herbeibringen, und nun giebt sich Huon zu erkennen. Er erzählt dem Abt und den Mönchen, dass er beim Baume der Jugend gewesen sei und Früchte davon gepflückt habe. Einer der Mönche wagt Huons Erzählung anzuzweifeln, und dieser würde ihm dafür mit seinem Pilgerstabe geschlagen haben, wenn sich der Abt nicht ins Mittel gelegt hätte. Wie den Admiral von Persien verjüngt vor allen Mönchen Huon den Abt mit einem der Aepfel; hoch erfreut verspricht dafür der nun wieder kräftige Ouedon Huon seine Hilfe gegen den Kaiser und sammelt ein Heer. Huon reitet demselben voraus, um über Esclarmonde Nachricht einzuziehen, und kommt nach Mainz. [Auch nach Pf¹ und Pf² denken die Kreuzfahrer, nachdem sie Jerusalem besucht haben, an die Heimreise, und zwar besteigt Huon mit Bernard und einigen Rittern und Knappen, also nicht, wie in C allein, in Thesaire ein Schiff, welches man dem Sultan abgenommen hatte, und kommt über Rhodus, Candia, Sizilien und Sardinien in Marseille an. Den Fuss des getöteten Greifen vergisst Huon nicht mitzunehmen. Nachdem der Admiral mit Gefolge Huon bis Thesaire das Geleit gegeben hat, zieht er mit seinem Heere nach dem Euphrat, findet dort seine dahin bestellten Schiffe, fährt den Fluss hinab und gelangt so wieder nach Persien. Nicht so schnell indessen lassen Pf¹ und Pe die Kreuzfahrer ihre Heimreise bewerkstelligen; vielmehr wird hier der Kampf mit dem Sultan, welchen Pf¹ und Pf² abweichend von C gar nicht erwähnen, nachgeholt und zwar weit ausführlicher wie in C behandelt. Als die Kreuzfahrer mit dem Könige von Jerusalem beim Mahle sitzen, kommt ein Bote Trampoigniffle (Trampoyngnyffle) vom Sultan (Sultan Saphardin) von Babylon und Aegypten und fordert den Admiral zum Kampfe zwischen Ranes (Rame) und Jaffa heraus. Der Admiral erklärt sich zum Kampfe bereit, lässt den Boten gut bewirten und schickt ihn beschenkt nach Gasere zurück, wo sich der Sultan mit einem grossen Heere befindet. Erstaunt über des Admirals Antwort, setzt der Sultan sein Heer nah Ascalon in Bewegung. Der König von Jerusalem bittet die Kreuzfahrer, dem Feinde entgegenzuziehen und ihn nicht in Jerusalem zu erwarten, da er mit dem Sultan auf fünf Jahre einen Waffenstillstand geschlossen habe. Die Kreuzfahrer willigen ein, bestellen die in Nappelouse zurückgelassene Mannschaft auf Huons Rat nach Ranes und ziehen dann dem Feinde entgegen, nachdem sie von dem König von Jerusalem Abschied genommen haben. Sobald ihr Heer sich in Ranes versammelt hat, wenden sie sich nach Ascalon. Den ersten Teil des Heeres führen Huon und Bernard, der zweite Teil steht unter dem Marschall von Persien und der dritte unter dem Admiral selbst. Als der Feind naht, verdunkelt sich die Sonne von dem Staube, den die Rosse aufwirbeln. Ohne jegliche Ordnung, vertrauend auf die ungeheure Zahl seiner Streiter, rückt der Sultan mit seinem Heere vor. Sobald dies Huon gewahrt, rät er zu einem unerwarteten Angriff. Inzwischen hat der Sultan den Oberbefehl dem riesenhaften Admiral Dorbie übergeben. Die Kreuzfahrer schreiten zum Angriff, und ihre Bogenschützen verdunkeln mit ihren Geschossen die Sonne. Huon und Bernard vollbringen Wunder der Tapferkeit. Endlich gelingt es dem Admiral Dorbie, Huon im Kampfgewühl ausfindig zu machen; er tötet Huons Ross, hebt diesen selbst auf das seine, und, indem er ihn mit einer Hand festhält, führt er mit der anderen die Waffe. Dieser Admiral ist der Riese Agripan von

C; nur besteigt letzterer kein Ross, weil er schneller zu Fuss ist. Der Riese will Huon dem Sultan als Geschenk überbringen; aber sein Ross stürzt, und er fällt zu Boden. Diesen Augenblick benutzt Huon, sich frei zu machen und den Riesen zu erschlagen, worauf er sich auf dessen Ross schwingt und aufs neue zum Schrecken der Sarazenen kämpft. Auf den Rat seines Verwandten, des Königs von Antiopheney, wendet sich der Sultan mit zwanzig Mann zur Flucht nach Acre, welches den Sarazenen gehört. Huon schickt sich sogleich an ihn zu verfolgen. Der Admiral und Bernard wollen sich ihm anschliessen, können indessen nicht mit ihm Schritt halten. Aber auch dem Sultan haben seine Leute nicht folgen können, und so treffen Huon und der Sultan allein zusammen. In dem Kampfe wird letzterer nur durch die Dazwischenkunft seiner Leute gerettet, und Huon hat nun gegen eine grosse Uebermacht zu streiten. Er wäre auch unterlegen, wenn seine wunderkräftigen Steine ihn nicht geschützt hätten. Auf des Sultans Geheis, erschiessen seine Leute Huons Ross, und dieser setzt nun zu Fuss den Kampf fort. Als keiner der Sarazenen ihn verletzen kann, greift ihn der Sultan selbst an und zerbricht Huon den Schild. In diesem Augenblicke höchster Gefahr trifft der Admiral mit 20,000 Mann ein. Nun wendet sich der Sultan mit den Seinen zur Flucht. Sie eilen einer Galeere zu, welche sie in der Nähe von Jaffa vor Anker wissen und die von Ascalon abgeschickt worden ist. Freudig begrüsst der Admiral Huon und preisst seine Tapferkeit; Huon aber erklärt, nur von Gott gerettet worden zu sein. Drei Tage lang ruhen sich die Kreuzfahrer in Rames aus; zwei weitere Tage verweilen sie in Nappelouse, ziehen dann über Jeuin (Jene) und Nazareth nach Jaffa, nehmen dort das Schloss ein und lagern in der Nähe von Acre, wohin der Sultan geflohen ist. Dieser schreibt sogleich Briefe nach allen seinen Ländern sowie nach Arabien, Aegypten, der Barbarei und Europa, um Hilfe gegen die Belagerer herbeizuschaffen. Ein Bote des Sultans wird von den Leuten des Admirals gefangen, und so erhalten die Kreuzfahrer Kenntnis von den Plänen des Sultans. Der Bote wird vor Acre an einem Galgen erhängt. In der Nacht hat Huon einen beängstigenden Traum. Er glaubt in Mainz zu sein und sieht, wie der Kaiser Esclarmonde aus dem Gefängnis holen lässt, um sie vor der Stadt zu verbrennen, und wie dreihundert gefangene Ritter aus Bordeaux erhängt werden sollen. Mit einem Schrei erwacht Huon, und alle Versuche, ihn zu beruhigen, sind vergeblich. Huon, von dem Admiral um seine Ansicht gefragt, wie er über die Fortsetzung des Krieges denke, giebt den Rat, möglichst bald die Belagerung abzubrechen und in die Heimat zurückzukehren, da sie schon so lange unterwegs seien und weil der Sultan wieder Verstärkungen erhalten werde, sie aber nicht. Der Admiral und seine Barone stimmen dem zu. Das Anerbieten des Admirals, Huon gegen den Kaiser von Deutschland behilflich zu sein, lehnt jener zum zweiten Male ab, da er zuvor friedliche Mittel gegen den Kaiser anzuwenden gewillt ist, und nur für den Fall, dass er keinen Erfolg erzielt, nimmt er des Admirals Hilfe an. Nach dieser Episode stimmen Pf¹ und Pº wieder mit Pf² und Pf³ überein, und es wird uns in P übereinstimmend die Rückkehr des Admirals nach Persien und die Huons nach Marseille erzählt. Im Vergleich 'mit C zeigt P wieder einen Einschub, ehe von der Ankunft Huons in Clugny erzählt wird. Nachdem Bernard Clugny verlassen hat, um Huon aufzusuchen, erfährt der Abt eines Tages von einem Manne, welcher von St. Jacob über Bordeaux gekommen war, dass der Neffe des Kaisers von Deutschland, des Abtes schlimmster Feind, sich mit vielen gefangenen Bürgern von Bordeaux und dem Tribut der

Stadt an den Kaiser auf dem Wege nach Mainz befinde. Sogleich legt
der Abt eine Anzahl tapferer Ritter, meist von der Familie des Herzogs
von Burgund, welcher der Vater Girards von Roussillon war, unter der
Anführung eines Seigneur de Verger (lorde of Vergier) in den Hinter-
halt zwischen Mascon (Mascou) und Tornus (Tournous), da am folgenden
Tage die Deutschen diesen Weg dahinziehen müssen. Der Ueberfall gelingt vollständig und kostet dem Neffen des Kaisers, welchen dieser zum
Gouverneur von Bordeaux gemacht hatte, das Leben. Der Seigneur de
Verger lässt den Leichnam in der Kathedrale von Tornus beisetzen. Die
Nachricht von dem Kampfe und dem Tode seines Neffen kommt dem
Kaiser bald zu Ohren. Er schwört, nicht eher zu essen und zu trinken,
als bis Esclarmonde und dreihundert Gefangene für Huon gebüsst hätten,
und er lässt sie aus dem Gefängnis führen, um sie zu verbrennen. Vergebens sucht der Herzog Hildebert den Kaiser zu bestimmen, wenigstens
nicht während der Fastenzeit das Urteil zu vollziehen, sondern bis nach
dem Osterfest damit zu warten. An dem Tage, an welchem die Ver-
brennung stattfinden soll, hält König Oberon in seinem Palaste zu
Mommur (Momure) zu Ehren der Anwesenheit seiner Mutter, der Dame
der verborgenen Insel (the lady of the pryue Isle), Hof. Auch die königliche
Fee Morgue (Morgan) und ihre Nichte, die Fee Transline (Transcelyne),
sind anwesend. Als Oberon auf seinem Throne sitzt, bricht er in Thränen
aus, und niemand kann sich seine Trauer erklären. Da fragt ihn der
Ritter Gloriand (Gloryaud) nach der Ursache seines Schmerzes und erfährt von dem König, dass soeben in Mainz Esclarmonde verbrannt
werden solle, während Huon bereits ganz in ihrer Nähe sei. Sogleich
bittet Gloriand den König, der Unglücklichen beizustehen. Oberon ent-
sendet Gloriand und den Ritter Malabron nach Mainz, um dem Kaiser
zu befehlen, bis nach Ostern mit der Hinrichtung zu warten. Er solle
Esclarmonde ein Zimmer geben und sie baden lassen, ihr vier edle
Fräulein als Dienerinnen zuteilen und sie wie seine eigene Tochter behandeln, auch die übrigen Gefangenen schonen. Käme er dem Befehle
nicht nach, so würde er es schwer büssen. Die Boten nehmen Abschied
und sind wie der Blitz, für jedermann ausser Esclarmonde unsichtbar,
auf der Richtstätte, als man Esclarmonde eben ins Feuer werfen will.
Pe fügt noch hinzu, dass sie unter donnerähnlichem Geräusch ankommen.
Die beiden Ritter aus dem Feenreiche ergreifen die Henker und werfen
sie in die Flammen. Dann nähern sie sich Esclarmonde und teilen ihr
mit, von wem sie geschickt sind, und dass sie in kurzer Zeit Huon wiedersehen werde, worauf sie auch die dreihundert Gefangenen befreien und
das Volk in die Flucht schlagen. Anfangs ist der Kaiser über das plötz-
liche Ereignis sehr erschrocken, zumal da ihm der Herzog von Oestreich
die Warnung Hildeberts ins Gedächtnis zurückruft; als er aber die beiden
Ritter, welche die beiden Gefangenen befreit haben, vor sich sieht, —
Gloriand und Malabron machen sich jetzt sichtbar — droht er sie zur
Strafe für ihre Kühnheit töten zu lassen. Trotzig verkündet ihm Gloriand
den Befehl seines Gebieters. Der erschreckte Kaiser fragt seine Barone
um Rat, und diese bestimmen ihn, dem Befehle zu gehorchen. Hierauf
kehren die beiden Boten mit rasender Geschwindigkeit nach Mommur
zurück und berichten Oberon, was sie erreicht haben. Sobald Gloriand
und Malabron aus Mainz verschwunden sind, lässt der Kaiser Esclarmonde
und den Gefangenen schöne Zimmer anweisen, giebt der Dame vier
Dienerinnen und lässt sie reich kleiden. Nach wenigen Wochen aber
bereits erwacht sein Hass und seine Rachgier aufs neue, und seine Gefangenen werden eingekerkert wie zuvor. Nur Gerstenbrot und Wasser

bilden ihre Speise und ihren Trank. Nach diesem Einschub greift P wieder
auf C zurück. Als Huon einige Zeit in Marseille verweilt hat, trifft er seine
Reisevorbereitungen und kommt durch die Provence nach Masconnois
(Masconoys) und von da nach der Stadt Tornus. Dort lässt er Bernard
zurück und begiebt sich als Pilger verkleidet nach Clugny, um seinen
Oheim und seine Tochter aufzusuchen. Abweichend von C zieht also erst
hier Huon das Pilgergewand an, während er in jener seine ganze Rückreise
als Pilger zurücklegt. In Clugny wird er von dem Pförtner freundlich
eingelassen und zu dem Abte geführt. Huon erzählt ihm, dass er in
Jerusalem mit einem Ritter zusammengetroffen sei, welcher ihm Grüsse
an seinen Oheim, den Abt, aufgetragen habe; vor Ablauf eines Monats
noch werde der Abt seinen Neffen wiedersehen. Alsdann bittet der
Pilger den Abt, ihm Clairette, die Tochter Huons, zu zeigen, da dieser
ihn ersucht habe, sich Clairette zeigen zu lassen, damit er sich überzeuge,
dass sie noch am Leben sei. Der Abt giebt einem Ritter, Namens Emery,
den Auftrag, das Kind zu holen, während in C eine Erzieherin den Befehl erhält. Emery trifft Clairette in einem Zimmer im Gespräch mit
vier Damen, welche sie zu erziehen haben, und richtet seinen Auftrag
aus. Kaum hört Clairette, dass der Pilger Nachricht von ihrem Vater
gebracht hat, als sie in den Saal eilt, in dem Huon mit dem Abte weilt.
Ausführlich wird ihre Schönheit beschrieben. Huon giebt sich indessen
nicht, wie in C, beim Anblick seiner Tochter sofort, sondern erst nach
einem Gespräch mit Clairette zu erkennen. Darauf erzählt er seine
Abenteuer, welche den Zuhörern so wunderbar erscheinen, dass viele
derselben sie für erlogen halten. Der Abt würde ihm gern gegen den
Kaiser beistehen, wenn sein Alter ihn nicht am Waffentragen hinderte,
denn er ist hundert und vierzig Jahre alt; doch will er wenigstens für
Huon ein Heer anwerben. Als dieser von der Wunderkraft der Aepfel
erzählt, wagt auch, wie in C, ein Mönch, der hier Damp Jean Salliuer
(Johan Salmet) genannt wird, Huons Aussagen anzuzweifeln. Auch hier
hindert der Abt Huon, den Mönch zu schlagen, lässt ihn aber ins Gefängnis
werfen. Nachdem Huon mitgeteilt hat, dass bereits der Admiral von
Persien durch einen der Aepfel seine Jugend wiedererlangt habe, bewirkt
er an dem Abt dasselbe Wunder. Den Bitten der Mönche, Damp Jean
Salliuer zu verzeihen, giebt Huon gern nach, und dieser wird durch den
Augenschein von der Wahrheit der Aussage Huons überzeugt. Der Abt
verspricht in seiner Freude Huon mit einem Heere gegen den Kaiser zu
unterstützen. Abweichend von C schlägt Huon dieses Anerbieten indessen
ab, da er es für besser hält, sich mit dem Kaiser auszusöhnen und so
seine Gemahlin, seine Leute und sein Land wiederzuerlangen. Ehe sich
Huon aber nach Mainz auf den Weg macht, lässt er seine in Tornus
zurückgelassenen Leute nach Clugny entbieten und übergiebt seine reichen
Schätze der Obhut des Abtes, da sie später die Mitgift seiner Tochter
bilden sollen. Clairette wird von ihrem Vater mit einem prächtigen
Halsband geschmückt. Nur von Bernart begleitet, macht sich Huon auf
den Weg nach Mainz und begiebt sich allein als Pilger verkleidet in die
Stadt. [2061—2253; 500,18—59,19].

§ 206. Folgen wir C weiter: In Mainz angelangt, begiebt sich Huon
sogleich in den Palast des Kaisers und mischt sich unter die Armen.
Als der Seneschall aus dem Saal tritt, und Brot und Wein hinter ihm
hergetragen wird, bittet ihn Huon um Essen, worauf der Seneschall ihn
warten heisst, bis er der unglücklichen Esclarmonde, der Gemahlin Huons,
Speise und Trank gebracht habe. Huon wird von einem Bürger, den er
um Obdach angegangen hat, freundlich aufgenommen. Auf dessen Frage,

woher er sei, sagt er, seine Heimath liege jenseits des Rheins, und er sei gekommen, um folgenden Tage, dem Karfreitag, den Kaiser um ein Almosen zu bitten. Zu seiner höchsten Freude erfährt Huon von seinem Gastgeber, dass es Sitte sei, dass der Kaiser die erste Bitte unbedingt gewähre, welche man am Morgen des Karfreitags im Münster an ihn richte. Am frühen Morgen begiebt sich Huon dahin und verrichtet sein Gebet. Endlich naht auch der Kaiser und umfasst betend das Kreuz. Huon holt einen seiner kostbaren Steine aus dem Gewande hervor, und sogleich strahlt der Münster im hellsten Licht. Als der Kaiser sich zu Huon wendet, bittet dieser um ein Almosen und überreicht dem Kaiser den Stein, welchen er aus dem Fluss Iplaire mitgebracht habe. Der Kaiser verspricht Huon das erbetene Almosen und sagt, er dürfe Burg, Schloss oder Lehen fordern; doch bittet der Pilger den Kaiser nur, ihm zu verzeihen, wenn er ihn je erzürnt habe. Als der Kaiser die Erfüllung der Bitte zugesagt hat, fällt ihm Huon zu Füssen und erbittet sein Weib, sein Land und seine Ritter, denn er sei Huon von Bordeaux. Erstarrt steht der Kaiser bei diesen Worten, die seinen ganzen Hass wieder auf- leben lassen; er erinnert sich aber an sein Versprechen und verzeiht Huon. Dieser erzählt vor dem jubelnden Volke dem Kaiser, wie er Bordeaux einst, um Hilfe zu suchen, heimlich verlassen und welche Abenteuer er erlebt hat. Dann lässt er auch den Kaiser von der Frucht vom Baume der Jugend essen und verjüngt ihn, worauf sich der Kaiser mit Huon nach dem Kerker begiebt, um die Gefangenen aufzusuchen. Esclarmonde ist von einem Knappen bereits von der Ankunft ihres Gemahles benachrichtigt worden. Nach einem rührenden Wiedersehen der Gatten und Huons und seiner Ritter rüsten sich Huon und die Seinen zur Rückkehr nach Bordeaux, wohin sie der Kaiser begleiten will. Huon schickt Boten voraus, um Bernart von der Ankunft zu be- nachrichtigen. [P schliesst sich von Huons Eintritt in den Palast an bis zu dem Wiedersehen der Gatten und Huons und seiner Leute an C an; nur hören wir nicht von einem Knappen, der Esclarmonde vorher bereits von der Ankunft ihres Gemahles in Kenntnis setzt. Auch will hier der Kaiser den kostbaren Stein, welchen Huon in der Kapelle unter seinem Gewande hervorholt und welcher die Kraft hat, unbesiegbar zu machen und den Eigentümer von dem Tode im Wasser oder Feuer schützt, um jeden Preis haben, während dies in C nicht so deutlich ausgesprochen ist. Da sich ferner nach P Bernard nicht, wie in C, noch in Bordeaux, sondern in Mainz befindet, weicht im Folgenden P wieder etwas von C ab. Bernard hat von der Versöhnung Huons mit dem Kaiser gehört und begiebt sich nach dem Palast, wo er von Esclarmonde freudig begrüsst wird. Nach achttägigem Aufenthalt beschliesst Huon mit Esclarmonde und seinen Leuten nach Bordeaux zurückzukehren, und auch hier will ihn der Kaiser begleiten. Die Reise richtet sich zunächt nach Clugny. Inzwischen hat der Abt, um im Notfall Huon unterstützen zu können, ein Heer gesammelt, und, weil er nun den Kaiser mit Gefolge nahen sieht, aber nichts von der stattgehabten Versöhnung weiss, stellt er sein Heer in Schlachtordnung auf. Sobald die Leute des Kaisers herankommen, werden sie von dem Abt und seinem Heere angegriffen, wobei viele Deutsche fallen, und der Kampf wird erst aufgehoben, als Huon seinen Oheim über das Missverständnis aufklärt. Nun werden die Ankömmlinge aufs beste in der Abtei empfangen, und drei Tage lang während die dem Kaiser zu Ehren veranstalteten Festlichkeiten. Clairette feiert mit ihren Eltern ein frohes Wiedersehen. Dann setzen der Kaiser, Huon, Esclarmonde, Clairette und der Abt ihre Reise nach Bordeaux fort, und Bernhard eilt voraus, um die Bewohner auf den Empfang vorzubereiten. [2254—2465; 559,20—77,26].

§ 207. Die Ankommenden betreten nun nach P die reich geschmückte Stadt, und acht Tage dauern die Festlichkeiten. Von Huon und dem Abt ein Stück geleitet, kehrt der Kaiser wieder nach Mainz zurück. Huon besucht alle Städte und Schlösser seines Landes und wird überall freudig begrüsst. Einen Monat verweilt er in Bordeaux; dann gedenkt er seines Versprechens, Oberon in seinem Reiche aufzusuchen und die Herrschaft zu übernehmen, da die vier Jahre verflossen sind. Er will Esclarmonde und seine Tochter unter dem Schutze Bernards und des Abtes in Bordeaux zurücklassen und die gefahrvolle Reise allein antreten; Esclarmonde aber will ihn begleiten und alle Gefahren mit ihm teilen. Huon giebt endlich ihrem Wunsche nach; nur Clairette bleibt in Bordeaux zurück. Seinem Oheim giebt Huon noch den Auftrag, den Fuss des erlegten Greifen dem jungen König Ludwig zu übersenden. Der Abt, heisst es, hat den Auftrag auch ausgeführt. Der Fuss wurde im Palaste aufbewahrt und befindet sich jetzt in der Kapelle zu Paris, wohin er durch König Philipp gebracht wurde. [Nach C hatten wir Huon in Mainz zurückgelassen, wie er sich zur Rückkehr nach Bordeaux anschickt Während aber, wie wir gesehen haben, in P die Reise über Clugny führt, wird in C Clugny nicht berührt, sondern Huon mit den Seinen und der Kaiser reisen sogleich nach Bordeaux. Der von Huon abgeschickte Bote trifft Bernart in Bordeaux an und richtet seinen Auftrag aus. Festlich geschmückt nimmt die Stadt die Ankommenden auf, und auch der Abt von Clugny kommt mit grossem Gefolge, um Clarisse ihren Eltern zuzuführen. Nach dem Mahle nimmt der Kaiser Abschied und setzt Huon, ehe er abreist, als Erben in seinen Landen ein. Zwei und einen halben Monat verweilt Huon in Bordeaux; da aber gedenkt er seines Auberon gegebenen Versprechens, denn die Zeit naht, wo der König sein Reich verlassen wollte. Esclarmonde soll ihren Gemahl begleiten, während in P Huon sie in Bordeaux zurücklassen will und sie erst durch Bitten ihn bestimmt, sie mitzunehmen In C ist es der Abt, welcher Esclarmonde rät, bis zu Huons Rückkehr in Bordeaux zu warten, wozu sie sich aber nicht bewegen lässt. Auf Anraten des Abtes übergiebt Huon Bernart die Herrschaft und sein Land. Darauf nehmen Huon und Esclarmonde Abschied, besteigen ein Schiff und segeln über das Meer. Ein Sturm ergreift das Fahrzeug und zersplittert es; doch gelingt es Huon und Esclarmonde, sich auf dem Mast ans Land zu retten, wo sie einen grossen Wald vor sich liegen sehen. Sie betreten ihn und gewahren plötzlich ein Schloss vor sich, aus dem ihnen vier weiss gekleidete Mönche entgegenkommen. Huon und Esclarmonde werden in dem Schloss freundlich bewirtet und beherbergt und besuchen am folgenden Morgen die Messe. Plötzlich aber brechen die Mönche den Gottesdienst ab und entfernen sich einer nach dem anderen. Als Huon dies sieht, nimmt er seine Stola, wirft sie einem der Mönche um den Hals und hält ihn so fest. Er erfährt von ihm, dass die Mönche Engel sind, welche beim Abfall des Satans sich zwar nicht für diesen erklärten, aber doch schwankten und damit auch Jesu nicht treu geblieben und deshalb von Gott auf die Erde verbannt worden sind. Sie können Schlösser, Land und Meer, alles entstehen lassen, können aber vor Reue den Namen Jesu nicht aussprechen, weshalb sie die Messe nicht zu Ende zu lesen im stande sind. Huon giebt den Mönch auf dessen Bitten nicht frei, sondern verlangt, dass dieser ihn und Esclarmonde nach Monmur führe, und der Mönch erklärt sich bereit, sie auf den Berg Orcanie zu bringen, von wo aus sie das

Feenreich liegen sehen würden. Plötzlich verschwindet das Schloss vom
Erdboden, und Huon und Esclarmonde sehen sich mit dem Mönch allein
im Walde. Der Mönch trägt sie über das griechische Meer und den
Berg Mabon in das Feenreich Auberons. Nachdem er ihnen noch ein
Schloss und Speise und Trank hervorgezaubert hat, nimmt er, von Huon
freigelassen, Abschied.· Am anderen Tage setzen Huon und Esclarmonde
ihren Weg zu Fuss fort und sehen endlich einen hohen, prächtigen
Turm und eine Stadt; es ist Monmur. Von Clarimondés, dem Sohn einer
Fee, werden sie über einen Fluss gesetzt und erfahren von diesem, dass
Auberon krank in seinem Schlosse liegt. Clarimondés fürchtet von
Auberon bestraft zu werden, weil er sterbliche Menschen übergesetzt hat.
Huon und Esclarmonde treffen in dem Schlosse Malabron und Gloriant,
welche die Ankommenden freudig begrüssen. Malabron benachrichtigt
Auberon von Huons Ankunft. Ueber diese Kunde ist Auberon so erfreut,
dass er seine Leiden vergisst und Huon und seiner Gemahlin entgegen
eilt. Er setzt Huon und Esclarmonde zu Erben seines Reiches ein, teilt
aber Huon mit, dass er jedes Jahr am Johannisfeste gegen den König
Artus auf Mongibel zu kämpfen haben werde, weil dieser ebenfalls Ansprüche auf das Feenreich erhebe. Kaum hat Huon diese unangenehme
Nachricht erhalten, als er in der That auf dem Berge, von dem er nach
Monmur herabgestiegen war, ein Heer lagern sieht, welches Auberon für
dasjenige Artus' erklärt. Durch einen Pfeilschuss ruft Auberon seine
Unterthanen herbei und teilt ihnen mit, dass er nächstens ins Paradies
gehen werde und Huon als seinen Erben eingesetzt habe. Zwar beklagen
die Feen den bevorstehenden Weggang ihres Herrschers, billigen aber die
Wahl Huons. Inzwischen ist Artus mit seinen Leuten nach Monmur
gekommen und beansprucht Auberons Reich. Als er sich entschieden
weigert, Huon als Erben anzuerkennen, schlägt Auberon einen Kampf
am Johannisfest zur Entscheidung vor, und zwar weist er dem König
Artus einen vor Boucane gelegenen Berg, Huon den Berg Ancibier an,
um ihre Heere dort in Schlachtordnung aufzustellen. Wer den anderen
besiegen könne, sei Herr des Feenreiches. So wird zunächst ein Waffenstillstand abgeschlossen. Als das Ende Auberons naht, erscheinen Teufel,
um seine Seele in die Hölle zu tragen und Pilatus damit ein Geschenk
zu machen; doch tröstet und stärkt ein Engel den Sterbenden. Auberon
küsst seine Freunde und lässt von Malabron und Gloriant seinen goldenen
Becher und sein Elfenbeinhorn herbeibringen. Nachdem er Huon diese
Gegenstände überreicht hat, entschläft er; Engel tragen seine Seele ins
Paradies und retten sie so vor den bösen Geistern, welche ebenfalls
herabgestiegen waren Huon lässt die Leiche im Münster beisetzen und
eine Kapelle errichten, wie es Auberon gewünscht hatte. Mittlerweile
ist das Johannisfest herangekommen, und vor Boucane findet zwischen
Huon und Artus der Entscheidungskampf statt. Keiner kann den andern
überwinden, und so schwören sie, jedes Jahr an demselben Tage den
Kampf fortzusetzen. Als Auberon begraben ist, begeben sich die Feen
alle in die Wälder zurück, und Huon bleibt mit Esclarmonde, Malabron
und Gloriant allein im Monmur zurück. Huon ist traurig, dass er so
wenige seiner neuen Unterthanen vor sich sieht und beschliesst, alle
Feen um sich zu versammeln. Er wünscht alle Bewohner des Feenreiches
herbei, besonders die Feen Oriande, Marse, Sebile und Morgue, und Gott
lässt seinen Wunsch in Erfüllung gehen; denn kaum hat ihn Huon ausgesprochen, als die gesamte Feerie sich vor Monmur versammelt und
sich nach Huons Palaste begiebt. Morgue, die Mutter Auberons, spricht
zuerst zu Huon und sagt ihm, dass ihm alle als ihrem Herren gehorchen

würden, was die übrigen Feen bestätigen; nur verlangen sie, dass Huon eine Fee als Gemahlin wähle, denn solange ein sterbliches Weib seine Gemahlin sei, würden sie ihm nicht huldigen. Huon fällt in Ohnmacht. Als er wieder zu sich gekommen ist, tröstet ihn Morgue, worauf sie sich mit den Feen Oriande, Marse und Sebile in ein Zimmer zu einer Beratung zurückzieht. Sie kommen überein, dass jede von ihrer Macht Esclarmonde etwas abgeben solle, und beschliessen, Esclarmonde nach dem irdischen Paradies zu führen, wo Jesus sie auf ihre Bitten zur Fee machen werde. Sie verlassen das Zimmer, heben Esclarmonde in die Luft und wünschen sich in das irdische Paradies an die Quelle der Jugend. Alsbald befinden sie sich da. Dreimal taucht jede der Feen Esclarmonde in die Quelle, und Esclarmonde ist sogleich wie eine Frau von dreissig Jahren und wird so bis zum Weltuntergange sein. Darauf fleht Morgue zu Jesus, zu ihnen zu kommen, und alsbald erscheint er ihnen. Die Feen teilen ihm mit, dass Huon König des Feenreiches geworden sei, dass ihm die Feerie aber nicht huldigen wolle, solange er keine Fee als Gemahlin habe. Darauf haucht Jesus Esclarmonde dreimal in den Mund, bläst ihr in die Ohren, segnet sie dreimal und stellt ihre Füsse auf die seinen, und, sobald dies geschehen ist, schwebt sie in der Luft und ist Fee, solange die Welt besteht. Die Feen fordern nun Esclarmonde auf, von ihrer neuen Macht Gebrauch zu machen und sich und sie nach Monmur zurückzuwünschen, was Esclarmonde endlich auf ihr Drängen hin thut, obschon sie sich nicht würdig dazu erachtet. Sobald sie den Wunsch ausgesprochen hat, mit den vier Feen an dem Throne ihres Gemahles zu sein, befinden sie sich neben Huon, welcher Esclarmonde hoch erfreut entgegen kommt, als ihm Morgue von der Veränderung, welche mit seiner Gemahlin vorgegangen ist, Mitteilung macht. Nun huldigt auch die gesamte Feerie ihrem Könige Huon. Morgue schmückt Esclarmonde mit einem prächtigen Gewande, und die Feen krönen sie mit der grossen Krone, worauf Huon die vier Feen Oriande, Marse, Sebile und Morgue krönt. Noch herrscht grosse Freude in Monmur, als König Artus zurückkehrt, um den Kampf zu erneuern. Huon zieht ihm entgegen, und wieder kann keiner den andern überwinden. Sie schwören, jedes Jahr zu kämpfen, bis Gott sie trennen und die Welt untergehen werde. Damit schliesst der Dichter die »Chanson d'Esclarmonde«. [Abweichend von C versetzen uns Pf² und Pf³, nachdem wir von Huons und Esclarmondens Absicht, Oberon aufzusuchen, gehört haben, sogleich mitten in die Ereignisse in Monmur. Die Reise Huons und der Esclarmonde nach dem Feenreich fehlt; wohl aber schildern sie uns Pf¹ und Pₒ, wenn auch mit mannigfachen Abweichungen von C. Auf einem kleinen Schiffe, nur von sechs Rittern und zwölf Dienern begleitet, fahren Huon und Esclarmonde, nachdem sie Abschied genommen haben, die Garonne hinab und segeln auf einem grösseren Schiffe über das Meer. Der Abt schenkt Huon zuvor eine Stola, welche Huon und seiner Gemahlin noch gute Dienste leisten sollte. Nachdem sie bei günstigem Winde sechs Tage gefahren sind, treibt sie ein Sturm in das spanische Meer; aber die wunderkräftigen Steine retten ihnen das Leben, während alle ihre Begleiter bei dem Bersten des Schiffes in den Wellen den Tod finden. Von Gott und den Steinen geschützt, gelingt es Huon und Esclarmonde, sich auf einer Tafel ans Land zu retten. Bald sehen die Schiffbrüchigen ein prächtiges schwarzes Schloss auf einem hohen Felsen vor sich liegen, umgeben von einem grossen Flusse; die Türme des Schlosses sind mit Gold bedeckt, und die Glocken läuten in der nahen Kirche. Drei Brücken führen in das Innere des Schlosses. Huon glaubt bereits in Mommur zu sein, was aber Esclarmonde bezweifelt. Drei weiss gekleidete Mönche kommen ihnen entgegen und führen sie in das Schloss, wo sie aufs beste aufgenommen und bewirtet werden. Die Pracht des Zimmers, welches ihnen angewiesen wird, und der Kirche, in der sie der Messe beiwohnen, wird beschrieen. Zweiunddreissig Mönche beteiligen sich an derselben, brechen aber, wie in C. mitten in ihr ab. Huon wirft dem letzten der Mönche, welcher die Kirche verlassen will, die Stola um den Hals und hält ihn so fest. Er fragt ihn, weshalb alle plötzlich den Gottesdienst abgebrochen hätten. Da ihn Huon zu erschlagen droht, wenn er die Frage nicht beantworte, giebt der Mönch endlich nach. Was er hierauf von sich und seinen Genossen erzählt, weicht wesentlich von C ab. Die rätselhaften Mönche sind hiernach Engel, welche mit Lucifer aus dem Paradies vertrieben worden sind, als dieser Gott gleich sein wollte und als sie ihm glaubten Zur Strafe hat sie Gott verurteilt, teils in Menschen-, teils in Tiergestalt auf der Erde bis zum Tage des Gerichts zu leben. Andere versuchen Männer und Frauen, um ihnen Verdammnis zu bereiten; andere folgen in der Luft dem Donner und dem Unwetter, und wieder andere sind im Meere, um Menschen und Schiffen den Untergang zu bereiten. Auch Huon und Esclarmonde wären umgekommen, berichtet der Mönch, wenn sie nicht die kostbaren Steine geschützt hätten Endlich ist auch ein Teil mit Lucifer in der Hölle. Der Mönch und seine Genossen können sich durch ihre Wünsche alles verschaffen wie die Feen, aber nicht bei ihnen erlaubt, einen Gottesdienst zu Ende zu führen. Nachdem der Mönch Huon alles mitgeteilt hat, fürchtet er von dem Abte dafür bestraft zu werden und bittet Huon, ihn f. eizulassen. Dieser verspricht ihm die Freiheit, wofern er ihm und Esclarmonde den Weg nach Mommur zeige. Der Mönch erklärt sich dazu bereit und trägt am anderen Morgen, an dem plötzlich Schloss und Kirche verschwunden sind, Huon und Esclarmonde über Berg und Thal nach dem Lande Oberons. Vorher erklärt er noch Huon, dass nur die Stola und die wunderthätigen Steine ihn festgehalten hätten, dass er ohne diese betrogen haben würde und seiner Wege gegangen sein würde. Auf einer Wiese setzt der Mönch Huon und Esclarmonde nieder, errichtet ihnen, wie in C, noch ein Schloss mit einer reich besetzten Tafel und verschwindet hierauf, nachdem ihn Huon freigegeben hat. Am anderen Tage verlassen Huon und Esclarmonde das Schloss, welches alsbald verschwindet, und gelangen an einen Berg; sie besteigen ihn und sehen jenseits eine Stadt und einen Palast liegen. Es ist Mommur. Die Stadt umgiebt ein Fluss. Wie in C, werden sie von dem Sohne einer Fee, Clarimodes, übergesetzt und betreten den Palast. Auch hier fürchtet der Fährmann den Zorn Oberons, weil er sterbliche Menschen übergesetzt hat. Der Empfang wird C entsprechend erzählt. Durch einen Pfeilschuss versammelt Oberon seine Unterthanen und lässt sich in seinem Bett in die grosse Halle tragen. Dort erklärt er, dass er sterben müsse, giebt aber, abweichend von C, den Grund dafür an. Seine Mutter, die Dame der verborgenen Insel, sei zwar als Fee unsterblich, aber sein Vater, Julius Cesar, sei ein sterblicher Mensch gewesen, weshalb auch er sterben müsse. Vor der Versammlung setzt er Huon und Esclarmonde als Erben ein, obschon auch König Artus (Arthur) Ansprüche auf seine Krone erhoben habe. Traurig vernehmen alle die Worte ihres Königs, fügen sich aber seinem Willen. Von hier ab stimmen Pf¹ und Po wieder zu Pf⁵ und Pf², welche die Reise nach Mommur ausgelassen hatten. Von der Weigerung der Feen, Huon zu huldigen, solange ein sterbliches Weib seine Gemahlin sei, hören wir in P nichts, und damit auch nichts von der Umwandlung Esclarmondens in eine Fee. Oberon krönt das neue Königspaar und überreicht Huon sein Horn, sein Tischtuch, seinen Becher und seinen Harnisch, während in C nur das Horn und der Becher erwähnt werden. Auch in P kommt König Artus nach Mommur, um das Reich für sich zu beanspruchen. Von hier ab aber weicht P wieder vollständig von C ab. Mit Artus kommt die Fee Morgue, die Schwester Artus' und Gemahlin des Ogier le Dannois (Ogyer ye dane), Transline, die Nichte Artus', und Mervin (Marlyn), das Kind der Fee Morgue und Ogiers. Oberon begrüsst den König, teilt ihm aber mit, dass er Huon und Esclarmonde als Erben seines Reiches eingesetzt habe. Darüber ist Artus sehr erzürnt, da ihm Oberon einst seine Krone versprochen hat; er schwört, dass Huon das Reich nie besitzen werde oder es von ihm erkämpfen müsse. Oberon droht den König in einen Meerkobold, nach Pe in einen Wehrwolf, zu verwandeln, wenn er auf seinen Ansprüchen bestehe, worauf Morgue und Transline Huon fussfällig für Artus um Verzeihung bitten, welche jener gewährt. Um Artus zu entschädigen, giebt ihm Oberon das Königreich Boulquant und das Reich der Fee Sibille (Syble), ferner das Feenreich der Tartarei. Damit erklärt sich Artus zufrieden und huldigt Huon. Als Oberon seine letzte Stunde nahen fühlt, versammelt er seine Freunde um sich. Er beauftragt Huon, nach seinem Tode eine Abtei zu gründen und in der Kirche daselbst seine Gebeine beizusetzen; darauf entschläft er, und Engel tragen seine Seele ins Paradies. Wie Oberon gewünscht hatte, lässt Huon eine Abtei erbauen und des Entschlafenen Gebeine dort beisetzen. Artus und der ebenfalls anwesende König Caraheu (Carahew) kehren in ihre Reiche zurück; nur Morgue und Transline verweilen noch einige Zeit in Mommur. Zuletzt heisst es in Pf[1]: »A tant vous lairray a parler du roi Huon et de la royne Esclarmonde: lesquelz demoureront en faerie tout leur temps iusques au iour du iugement et retourneray en nostre matiere ou nous parlerons de la belle Clairette la fille du duc Huon laquelle demoura a Bordeaulx.« Mit denselben Worten schliesst in den anderen Drucken die »Chanson d'Esclarmonde«. [2466—3481; 577,27—606,18.]

§ 208. Mit den Worten »Hui commence gloriouze canchon« beginnt der Dichter die »Chanson de Clarisse et Florent.« Huon hat seine Tochter unter der Obhut des Grafen Bernart und des Abtes Ouedon in Bordeaux zurückgelassen. Als Clarisse sechzehn Jahre alt ist, verbreitet sich weithin der Ruf von ihrer Schönheit, und Herzöge, Fürsten und Grafen bewerben sich um ihre Hand, unter anderen auch der König von England, der König von Ungarn und Florent (Florence), der Sohn König Garins von Arragon. Der Abt wagt aber keinem eine Zusage zu geben, da er Huons Willen nicht kennt und nicht weiss, wo dieser sich aufhält. Doch fordert er sie auf, an einem bestimmten Tage in Blaiues zu sein, wo sie Clarisse sehen würden. Jeder der drei Bewerber trifft Vorbereitungen, um so prächtig als möglich in die Stadt einzuziehen, und auch Blaiues wird reich geschmückt, um die Gäste zu empfangen. Einer nach dem anderen wird, von dem Abte begrüsst, seinen Einzug, und zwar zuerst der König von England, welcher die Armen reich beschenkt und manchen Hirsch auf der Jagd erlegt. Aber das Unglück soll nicht ausbleiben. Der Verräter Brohart beschliesst Clarisse zu entführen. Auf einer Barke führt er von Blaiues die Gironde hinab und kommt nach Bordeaux, wo er sich sogleich nach dem Palast begiebt und Bernart mit Clarisse antrifft. Er giebt vor, von dem Abt den Auftrag zu haben, Bernart und Clarisse nach Blaiues abzuholen. Clarisse solle Männerkleider anlegen, um unerkannt den Saal betreten zu können, in dem sich die Könige befänden. Welcher von den dreien ihr dann am besten gefiele, den würde sie zum Gemahl erhalten. Bernart ahnt nichts Böses, legt seine Rüstung an und besteigt bei Nacht mit der als Mann verkleideten Clarisse die Barke Broharts. Vorher hat dieser ein Tau ins Wasser gelassen, und, als sie sich nun im Flusse befinden, fordert der Verräter Bernart auf, das Tau, welches beschwert sei, anzuziehen. Die etwas unklare Stelle lautet: ,Dist (Brohars) a Bernart: »Ceste corde est nöée, Venés sacier« et Bernars l'a tirée.' Sobald sich Bernart nach vorn beugt, hebt ihn der Verräter empor und wirft ihn in die Gironde. Bernart wird trotz aller Anstrengungen von dem Wasser hinweggetrieben und findet seinen Tod in den Wellen. Als Clarisse den Verrat durchschaut, stürzt sie auf Brohart zu, ergreift ihn an den Haaren und schlägt ihn mit der Faust ins Genick; dieser aber wirft sie zu Boden und will sie entehren. Da sich Clarisse wehrt, schlägt er ihr das Gesicht blutig, tritt sie mit Füssen und schlägt sie mit dem Tau. Während sie noch ringen, gelangen sie aus der Gironde in das Meer. Brohart schläft ermüdet ein. Clarisse nimmt ihm ein Brot weg, welches er ihr angeboten hatte, wenn sie ihm zu Willen sei, und isst es. Bis gegen Abend wird die Barke vom Winde dahingetrieben und bleibt endlich an einem Felsen halten. Brohart erwacht und sieht sich mitten auf dem Meere. Während er noch klagt, nichts zu essen zu haben und verwünscht, Clarisse je begegnet zu sein, springt diese plötzlich ans Land und kriecht auf Händen und Füssen den steilen Felsen hinan, um Brohart zu entfliehen. Dieser eilt ihr nach. [P weicht bis hierher nur in Einzelheiten ab. So ist Clairette erst fünfzehn Jahre alt, als die drei Könige sich um ihre Hand bewerben, und von dem König von Ungarn heisst es, dass namentlich er Clairette erwerben wollte. Ferner sagt der Abt bestimmter, wenn Huon bis zum Johannisfeste nicht zurückgekehrt sei, werde er einen Tag festsetzen, wo in Blaues (Blaye) über die Heirat verhandelt werden solle. Der Verräter Brohars stammt nach P aus Bordeaux, wovon C nichts sagt. Ebenso richtet in C Brohart in seinem angeblichen Auftrage nicht aus, dass Clarisse ihren Dienerinnen befehlen solle, ihr am folgenden Tage mit Gewändern und dem Schmuck zu folgen, wie es in P der Fall ist. Etwas verständlicher als in C wird von der List berichtet, welche der Verräter anwendet, um Bernard zu töten. Hiernach hat Brohars ein mit einem Stein beschwertes Tau ins Wasser gelassen, angeblich um das Fahrzeug nicht so leicht vom Strome fortreissen zu lassen. Später fordert er Bernard auf, das Tau hereinzuziehen und wirft ihn dabei über Bord. [3482—3660; 606,19—12,31.]

§ 209. C: Clarisse flieht vor Brohart auf den Berg. Dort befinden sich dreissig Seeräuber, welche sogleich aufspringen, als sie Brohart rufen hören. Sobald Clarisse sie gewahr wird, eilt sie ihnen entgegen und bittet sie um Hilfe gegen den Schurken, der sie verfolge. Sie sei die Tochter Huons und aus Bordeaux geraubt. Die Räuber greifen Brohart an, weil er sich in ihr Handwerk mischt. Clarisse läuft inzwischen zu dem Feuer derselben und isst; denn in zwei Tagen hatte sie nur ein Viertel Brot genossen. Brohart verteidigt sich tapfer mit seinem Schwert und streckt den Anführer der Seeräuber und drei andere nieder; doch wird er endlich entwaffnet und gestellt, wie er Clarisse entführt hat. Die Räuber hängen ihn zur Strafe an einem Ast mit dem Kopfe nach unten auf und zünden ein Feuer unter ihm an. Nach den Worten:

>Traïtres sui, traïtres fu mes peres,
Traïtres sont mi parent e mi frere,
Ma mere fu vne pute prouée,
Mes III serours reunt a la menée,
A tout le mont sont eles communeles«

empfiehlt Brohart dem Teufel seine Seele und stirbt. Alsbald erhebt sich ein Wirbelwind, welcher die Aeste des Baumes zerbricht, und Teufel reissen dem Verräter die Glieder aus. Die Räuber kehren an ihr Feuer zurück und finden dort Clarisse, welche sie in ein Frauengewand umkleiden. Ihre Schönheit wird ausführlich geschildert. Es entspinnt sich bald um den Besitz der Jungfrau unter den Räubern ein heftiger Streit, in dem sie sich alle gegenseitig töten, sodass Clarisse allein zurückbleibt. [In P wird von einer Insel gesprochen, auf der sich aber nur sechs Seeräuber befinden, welche mit einer sechsrudrigen Galeere Kaufleuten auflauern, die aus der Gironde in das Meer einlaufen oder vom Meer in die Gironde. Pe sagt nur, dass sie mit einer kleinen Galeere Kaufleuten aufzulauern pflegten. Während in C die Räuber Brohart angreifen, weil er ihr Handwerk betreibt, thun sie es in P, weil sie glauben, dass er sie auskundschaften will. P enthält insofern einen Widerspruch, als sie Brohars ausser dem Anführer noch vier Räuber töten lässt, sodass von den sechs Räubern doch nur einer übrig bleibt, während sich darauf zwei Räuber um den Besitz der Clairette streiten. Wir erfahren aus P näher, dass Brohars Clairette nicht nur entehren, sondern nach einem fremden Lande führen wollte, um sie dort zu heiraten. Dass der Verräter seine Seele dem Teufel empfiehlt, ein Sturm den Baum zerstört und Teufel der Leiche die Glieder ausreissen, erzählt P nicht; auch thut Brohars hier seiner Verwandten nicht Erwähnung. Endlich wird die Schönheit der Clairette nicht so ausführlich beschrieben wie in C. [3661—3769; 612,32—15,20.]

§ 210. Nach der Schilderung des Kampfes unter den Räubern kehrt der Dichter nach Blaiues zurück, wo sich die drei Könige und der Abt befinden. Letzterer begiebt sich nach Bordeaux, um Clarisse nach Blaiues zu führen. Er erfährt, dass Brohart die Jungfrau abgeholt hat, durchschaut sogleich den Verrat und bringt betrübt die Nachricht den drei Königen. Diese sind nicht wenig darüber erzürnt, dass Clarisse für sie verloren ist, und sie würden den Abt hängen, wenn er nicht so rechtschaffen wäre. Dafür nehmen sie Rache an den Verwandten Broharts. Mehr als fünfzig lassen sie in einen heissen Ofen werfen, lassen seine Mutter lebendig begraben, seine drei Schwestern verbrennen und seinen Vater töten, zumal da mittlerweile Fischer in der Gironde auch den Leichnam Bernarts gefunden haben. (P zufolge erfährt der Abt den Verrat nicht in Bordeaux, sondern Ritter, Knappen, Frauen und Fräuleins kommen nach Blaues, um Clairette ihre Gewänder zu überbringen, wie Brohars, angeblich im Auftrage des Abtes, befohlen hatte. Der Abt geht ihnen entgegen, da er glaubt, Clairette sei mit ihnen gekommen, und hört nun, dass diese Clairette längst in Blaues vermuten. Sogleich merkt der Abt den Verrat, und durch ihn erhalten die Könige davon Kunde. Auch hier heisst es, sie würden den Abt getötet haben, wenn er nicht ein so rechtschaffener Mann gewesen wäre. Der Abt und die Könige begeben sich nach Bordeaux und nehmen Rache an den Verwandten des Verräters, deren sie hier sogar siebenzig töten, und zwar lassen sie dieselben in der Gironde ertränken. Darauf kehren die Könige in ihre Länder zurück, traurig, Clairette nicht einmal gesehen zu haben. In C ist die Rückkehr der drei Fürsten nicht besonders erwähnt, desgleichen nicht das Begräbnis Bernarts, wie es in P der Fall ist. [3770—3811; 615, 21—18, 12.]

§ 211. C: Clarisse war allein auf dem Berge unter den toten Räubern zurückgeblieben. Sie kehrt an das Gestade zu der Barke zurück und sieht ein Schiff nahen. Auf diesem befindet sich der heidnische König Marados von Aquileja, der von Aigremont, dem Lande seines Vaters, herkommt. Clarisse eilt der Stelle zu, wo die Heiden zu landen gedenken. Bald darauf betritt die Jungfrau, freundlich aufgenommen, das Schiff der Sarazenen. Der König fragt sie nach ihrer Herkunft, und sie sagt ihm, sie sei die Tochter Huons; doch wiese sie nicht, was aus ihm geworden sei. Sodann erzählt sie ihm, was sie alles erlebt hat. Erfreut zu hören, dass sie von hoher Abkunft ist, will sie der König zu seiner Gemahlin erheben, wenn sie an seinen Gott Cahu glauben wolle. Da sie erklärt, sich lieber hängen zu lassen als seinen Wunsch zu erfüllen, schlägt er sie ins Gesicht, und als ihn seine Leute deshalb tadeln, behauptet er, Clarisse habe gewünscht, dass er gehängt würde, und befiehlt, sie ins Wasser zu werfen. Seine Leute ergreifen die Jungfrau und setzen sie in ein Schiff, in dem sie ganz allein ist; darauf stechen die Heiden in See. Während der heidnische König noch darnach trachtet, sie zu entehren, bringt ein Sturm das Schiff in die höchste Gefahr; es treibt dem neuen Hafen von Ungarn zu. Dort liegt gerade auch das Schiff des Grafen Pierron von Arragon vor Anker, welcher jedes Jahr den kostbaren Schwefel einkaufte und vor dem Sturm in dem Hafen Schutz gesucht hatte. Pierron sieht das vom Sturme zu einem Wrack umgewandelte Fahrzeug dem Hafen zutreiben und eilt ihm mit seinen Leuten zu Hilfe, damit es nicht an den Felsen zerschellt und die Waren im Meere versinken. Die Heiden sehen mit Schrecken, dass ihnen Christen nahen. Man ergreift Clarisse, um sie ins Meer zu werfen; sie aber klammert sich an ein Tau an, und als die Christen sie bemerken, rufen sie ihr zu, sich festzuhalten, bis sie ihr zu Hilfe kämen. Mit Enterhaken ziehen sie das Schiff an sich heran, dringen in dasselbe ein und nehmen die Heiden gefangen. Nachdem sie dieselben an das Land gesetzt haben, fragt Pierron, woher sie kämen, und erschlägt, sobald er hört, dass jenseits des griechischen Meeres ihre Heimat liegt, einen nach dem anderen. Vergeblich bietet ihm der heidnische König ein hohes Lösegeld. Auf Pierrons Frage, wie er zu der Jungfrau gekommen sei, sagt der König, dass sie dieselbe gefunden hätten, und gesteht, er habe sie entehren wollen, worauf Pierron Clarisse auffordert, selbst an dem König Rache zu nehmen; Clarisse schlägt ihm eigenhändig das Haupt ab. Pierron fragt nun die Jungfrau nach ihrer Herkunft; diese indessen wagt nicht ein zweites Mal die Wahrheit zu sagen und giebt vor, die Tochter eines Lehnsmannes aus Acre zu sein. Kaufleute hätten sie geraubt und über Meer geführt. Ihr Schiff sei gescheitert, und sie habe sich auf einen Berg gerettet. Dort sei sie in die Hände von Räubern gefallen, welche sich um ihretwillen getötet hätten. Darauf habe sie der heidnische König in sein Schiff aufgenommen. Pierron verspricht sie nach Arragon zu führen. Ein Ungar aber, welcher Romanisch versteht, hat Pierron gehört und eilt nach Montir, wo er den König von Ungarn in seinem Schlosse antrifft. Er teilt dem König mit, dass Pierron von Arragon mit einer grossen Ladung Schwefel im Hafen vor Anker liege und er ausserdem im Kampfe einem heidnischen Schiffe alle Waren abgenommen habe, dazu eine Jungfrau, wie es keine schönere gebe. Der König schwört, Pierron zu hängen und ihm all sein Gut abzunehmen; nach einer Frau indessen trage er kein Verlangen, seit die Tochter Huons von Bordeaux für ihn verloren sei. Er befiehlt seinen Leuten, sich für den Morgen bereit zu halten, um Pierron und seine Leute zu überfallen. Ein armer Mann, der von Pierron beschenkt worden ist, hat aber den Anschlag vernommen und eilt, Pierron zu warnen. Dieser versieht sein Schiff in aller Eile mit Proviant und segelt mit Clarisse und dem Armen, seinem Retter, davon. Sie langen glücklich in Arragon an, und der König Garin kommt ihnen erfreut entgegen. Pierron zeigt ihm die Jungfrau; diese aber wagt dem König auf dessen Frage nach ihrer Herkunft nicht die

Wahrheit zu sagen, da ihr dieselbe bei dem heidnischen Könige schlimme Früchte eingetragen hatte, sondern behauptet von ihrer Herkunft nichts zu wissen. Der Graf erzählt dem König, dass die Jungfrau geraubt und durch ihn befreit worden sei. Während Pierron zu Ehren grosse Festlichkeiten veranstaltet werden, kommt Florent, der Sohn des Königs, von der Jagd heim und erfährt, dass Pierron von seiner Reise zurückgekehrt ist. Sogleich begiebt sich Florent zu ihm und sieht bei dieser Gelegenheit Clarisse. Alsbald verliebt sich der Jüngling in die Jungfrau, und auch in ihr erwacht plötzlich die Liebe. Florent gesteht Clarisse seine Neigung, sie aber sucht ihn von dem Gedanken abzubringen, sie zu seiner Gemahlin zu machen, da sie nicht von so hoher Herkunft sei wie er; ihr Vater sei ein Lehnsmann und sie sei Dienerin der Herzogin Esclarmonde, der Gemahlin des Herzogs Huon von Bordeaux, gewesen. König Garin werde sie töten lassen, wenn er von der Absicht seines Sohnes höre. Endlich aber giebt sie den wiederholten Bitten Florents, der sie zu seiner Gemahlin zu machen verspricht, nach, und mit einem Kusse besiegeln sie ihre Liebe. [P weicht wieder nur in Einzelheiten ab. Nach ihr landen die Heiden an der Insel auf der sich Clairette befindet, um Erfrischungen einzunehmen und Holz zu schlagen; ausserdem wird hier der heidnische König zum Herrscher von Granada, und Clairette wird aufgefordert, an Mahomed, nicht wie in C an Cahu, zu glauben, um des Königs Gemahlin werden zu können. Als ferner der König seinen Leuten befiehlt, die Jungfrau ins Meer zu werfen, bringen sie diese ins Schiff und verbergen sie dort vor den Augen des Herrschers. Unterwegs sieht dann der König zu seiner Ueberraschung Clairette wieder und erneuert nun seine Anstrengungen, sie zu bewegen, ihm zu Willen zu sein. Der Sturm treibt die Heiden nach Pf', Pf' und Pf' in die Nähe der christlichen Stadt Courtouse, nach Pe in die Nähe von Tours, in deren Hafen soeben das Schiff Pierres von Arragon vor Anker liegt. Die Sarazenen werden nicht gefangen ans Land geführt und dort getötet, wie in C; ausserdem schlägt dem heidnischen Könige nicht Clairette selbst das Haupt ab, sondern alle werden auf ihrem Schiffe von den Christen erschlagen und zwar der König von Pierre. Ferner stellt hier Pierre dem heidnischen Könige die Wahl, an Christus zu glauben, wenn er leben bleiben wolle, oder zu sterben, worauf der Heide das letztere vorzieht, während C davon nichts weiss. Auch sagt Clairette Pierre in anderer Weise die Unwahrheit, als dieser nach ihrer Herkunft fragt, wie in C. Sie erzählt ihm nämlich, sie sei zu Nantes (Nauntes) in der Bretagne geboren. Ihr Vater, aus Lissabon gebürtig, habe seine dortigen Freunde besuchen wollen und habe sich mit zweien seiner Söhne und ihr eingeschifft. Vor dem Hafen von Lissabon seien sie von einem Sturme ergriffen worden, der sie durch eine Meerenge geführt und an einem Felsen habe scheitern lassen. Pe lässt sie durch die Meerenge von Marokko segeln. Ihr Vater und ihre Brüder seien ertrunken, nur sie habe sich auf einem Ballen Wolle ans Land gerettet, wo sie dann die Sarazenen gefunden hätten. Also von den Räubern erwähnt Clairette nichts. Pierre nimmt Clairette freundlich auf und segelt mit ihr nach Tarragona (Tarragon = frz. Terragonne), einer Stadt zwischen Barcelona und Valencia, wo sich gerade König Garin aufhält. In Tarragona, nicht wie in C in Arragon, spielen sich nun in P die folgenden Ereignisse ab; Arragon wird in P nur als Land gedacht. Die Episode von dem seitens des Königs von Ungarn geplanten Ueberfalle und von der Rettung Pierres durch den Armen fehlt P. Als der König von Arragon das Schiff nahen sieht, eilt er Pierre, welcher hier sein Cousin genannt wird, entgegen. Die Entgegnung Clairettens auf die Frage

Florents, woher sie stamme, lautet in **Pf'** und **Pf'** etwas anders wie in
C, **Pf'** und **Ps**, da sie sich in **Pf'** und **Pf'** für die Tochter eines Jägers
ausgiebt. |3812—4203; 618,12—29,6.]

§ 212. König Garin erhält nach C Kunde von dem Besuch seines
Sohnes im Hause Pierrons und fürchtet, dass Clarisse durch ihre Schönheit das Herz Florents gewinnt. Deshalb soll es die Jungfrau teuer bezahlen, wenn sie sein Sohn wieder aufsucht. Florent, von seinem Vater
gefragt, woher er käme, gesteht ohne Zögern die Wahrheit und erbittet
trotz der Drohung Garins, Clarisse gefangen zu setzen, sie sich als Gemahlin, worauf ihm Garin erklärt, er werde die Jungfrau ins Meer werfen
lassen. Noch einmal bittet der König seinen Sohn, den Gedanken an
Clarisse aufzugeben, und fordert ihn auf, zunächst gegen den König Desiier
von Pavia zu Felde zu ziehen, mit dem er in Streit liege, da er seine
Gemahlin, Desiiers Schwester, erschlagen habe, und sodann sich eine
Gemahlin aus seinem Lande oder einem fremden Reiche zu wählen.
Florent aber weigert sich mit Entschiedenheit, eine andere als Clarisse
zu seiner Gemahlin zu wählen, worauf Garin erklärt, ihn enterben und
selbst lieber sein Reich verlieren zu wollen, als dass er in eine Verbin-
dung seines Sohnes mit Clarisse willige. Er lässt Pierron rufen und befiehlt ihm, sobald er Florent in seinem Hause antreffe, ihm davon Mit-
teilung zu machen, da alsdann Clarisse sogleich sterben würde. Ein
Bote meldet das Nahen des Königs Desiier mit einem grossen Heere.
Sogleich befiehlt Garin, da er selbst achtzig Jahre alt ist, Pierron und
seinem Sohne, sich an die Spitze des Heeres zu stellen, um dem Feinde
Widerstand zu leisten; aber Florent weigert sich wieder, wenn er nicht
Clarisse erhalte. Würde indessen sein Wunsch erfüllt, so wolle er Desiier
gefangen in die Stadt führen. Da Garin hierauf nicht eingeht, zieht
Pierron allein mit dem Heere dem Feinde entgegen, wird aber geschlagen.
Hierauf fordert der König aufs neue seinen Sohn auf, sich zum Kampfe
zu rüsten, und geht endlich auch scheinbar darauf ein, ihm Clarisse als
Gemahlin zu geben, wofern er Desiier gefangen in die Stadt führe; ins-
geheim aber nimmt sich Garin vor, Clarisse ins Meer werfen zu lassen.
Florent ist über die Zusage seines Vaters hoch erfreut und schickt nach
Clarisse, damit diese ihm selbst das Schwert umgürte, da er dann sieges-
bewusster kämpfen würde. Clarisse kommt seinem Wunsche nach, und
Florent küsst sie zum Verdruss seines Vaters. Indem Florent seine Ge-
liebte Garins Obhut anvertraut, der zehn Ritter herbeiruft, um Clarisse
scheinbar während der Anwesenheit Florents zu ehren, reitet dieser, wohl
ausgerüstet und von seinem Vater vorher zum Ritter geschlagen, zum
Streit. In diesem fallen viele Feinde durch seine und Pierrons Hand.
Clarisse schaut dem Kampfe zu. [P reicht nur in einzelnen Punkten von
C ab. Während in dieser Garin bereits von dem ersten Besuch seines
Sohnes im Hause Pierrons hört, sagt P, dass Florent seinen Besuch so oft
wiederholt habe, dass die Leute sein Verhältnis zu Clairette erraten
hätten und das Gerücht auch Garin zu Ohren gekommen sei. Desiier
von Pavia ist in den König von Navarra (Nauerne) umgewandelt, und
Garin spricht nur von einem geringfügigen Streit, den er mit ihm ge-
habt und welcher den Krieg entzündet habe, während, wie wir gesehen,
in C Desiier gekommen ist, seine Schwester zu rächen. Im übrigen
schliesst sich P eng An C an. [4204—4437; 629,6—37,23.]

§ 213. C: Sobald Florent die Stadt verlassen hat, giebt Garin den zehn
Rittern den Befehl, Clarisse ins Meer zu werfen, und diese müssen gegen
ihren Willen gehorchen; sie binden der um ihr Leben flehenden Jungfrau die Hände und ziehen sie an den Haaren hinter sich her. Garin

selbst ist zugegen, als man Clarisse fesselt. Inzwischen hat Pierron, welcher manchen gefangenen Lombarden mit sich führt, das Kampfgewühl verlassen, wechselt noch einige Worte mit Florent, der ihm von der Zusage Garins erzählt, und dass er dafür Desiier gefangen nehmen wolle, und reitet durch die Strassen von Arragon. Da hört er in der Nähe des Marktes grossen Lärm, eilt herzu und sieht, wie man soeben Clarisse an den Haaren fortzieht; er eilt ihr sofort zu Hilfe und tötet mehrere von ihren Peinigern. Darauf löst er Clarisse die Fesseln ihrer Hände, führt sie in seine Wohnung und eilt zu Garin, um ihn zur Rede zu stellen. Zugleich aber kommen auch die Ritter in den Palast, welche Pierrons Arme entronnen sind und erzählen dem König, was Pierron gethan hat, worauf Garin die Ritter auffordert, den Grafen zu ergreifen. Dieser aber erschlägt alle Angreifer und bedroht sogar das Leben des Königs. Garin flieht und riegelt sich in einem Zimmer ein. In dieser Lage gesteht er Pierron ein, unrecht gegen Clarisse gehandelt zu haben, beharrt aber dabei, nie die Jungfrau seinem Sohne als Gemahlin geben zu wollen. Er verzeiht Pierron, verlangt aber, dass Clarisse gefangen gesetzt werde, und dass man Florent sage, sie sei ins Meer geworfen worden, bis er eine Gemahlin erwählt habe. Da alle dem Könige zustimmen, giebt auch der Graf nach, und Clarisse wird unterhalb der Pforte des Schlosses gefangen gesetzt; man bringt ihr alles, dessen sie bedarf und vermauert den Eingang. Alle Ritter müssen schwören, Florent die Wahrheit zu verschweigen. [Nach P verspricht der Vicegraf bei seiner Begegnung mit Florent diesem, sobald er seine Gefangenen in die Stadt geführt habe, in den Kampf zurückzukehren, wovon C nichts weiss; vielmehr sagt hier Pierron: »Iou m'en renois pour ma vie alongier«. Ferner giebt Garin nach **Pf¹** Pf' und Pf² nur zwei Rittern den Auftrag, Clairette ins Meer zu werfen; doch wird sie dann ebenfalls von zehn Männern ergriffen und gebunden. Ps dagegen nennt mit C sogleich zehn Ritter. Nach C, **Pf¹**, Pf' und Pf² ist Garin zugegen, als seine Ritter die Jungfrau ergreifen, und er selbst sagt ihr, dass sie sich nicht rühmen werde, einen Königssohn zum Gemahl zu haben. Ps dagegen lässt den König hier nicht auftreten und legt seine Worte den Rittern in den Mund: ‚Dame, quod they, your wordes can not auayle you the kynge wyll not that ye shall make aunuute to haue his sone in maryage'. Etwas abweichend endlich wird in P das Gefängnis Clairettens beschrieben. Sie wird nämlich in einen Turm gebracht, welcher drei Fenster hat, eines, durch welches ihr die Nahrung gereicht wird, und welches nach der Stadt Courtoise (Courloys) zu gelegen ist, und zwei andere, welche auf das Feld hinaus führen. [4438--4597; 637,23—43,7.]

§. 214. C: Florent verrichtet im Gedanken an Clarisse gegen die Lombarden Wunder der Tapferkeit, nimmt nach hartnäckigem Kampfe den König Desiier gefangen und bringt ihn nach Arragon, um ihn Clarisse als gefangen vorzuführen. Von seinem Vater verlangt er nun dem Uebereinkommen gemäss Clarisse als Gemahlin. Da sagt ihm dieser, er solle nicht mehr an die Jungfrau denken und erklärt ihm, er habe sie ins Meer werfen lassen. Florent wird ohnmächtig und klagt, als er erwacht, seinen Vater des Verrates an. Er lässt Desiier schwören, obschon dieser anfangs Florent abrät, aber als Gefangener gehorchen muss, den Krieg fortzusetzen, bis er Garin getötet habe. Dann reicht er dem König ein Schwert, führt ihn aus der Stadt und giebt ihm die Freiheit wieder. Florent bittet darauf die Ritter, ihn an das Meer zu führen, wo Clarisse gestorben sei, da auch er dort seinen Tod suchen wolle. Nachdem er seinen Vater durch die Anklage des Verrates in den höchsten Zorn versetzt hat, lässt er sich willig gefangen nehmen und wird auf Befehl

Garins in einem grossen Turme eingeschlossen. Clarisse hört von ihrem
Gefängnis aus die Klagen Florents, und mit Hilfe ihrer Finger und eines
Messers, welches sie an ihrer Seite trägt, gelingt es ihr, einen Stein
nach dem anderen aus dem frisch vermauerten Eingange zu entfernen
und so ins Freie zu kommen. Sie eilt durch den Garten, in dem die
herrlichsten Rosen blühen; selbst ihr Duft aber, sagt sie, komme nicht
dem Atem Florents gleich. Diese Worte vernimmt der Jüngling in seinem
Gefängnis. Clarisse langt Trost suchend bei ihrem Geliebten an, da sie
die Entdeckung ihrer Flucht fürchtet. Florent erklärt, ihr nicht helfen
zu können, und auch er hegt Besorgnis, dass sie wieder in Garins Hände
fallen könne. Sie pflückt Florent auf seine Bitten Blumen, welche sie
durch eine Schiessscharte in den Turm wirft. Florent streckt Clarisse
die Hände entgegen; doch ist die Mauer so dick, dass er die Geliebte
nicht erreichen kann. Während die Liebenden noch sprechen, kommt
eine Patrouille, um zu verhindern, dass Pierron Clarisse heimlich befreit.
Der Wächter auf dem Turm hört die Liebenden sprechen und hat Mitleid mit ihnen; er warnt sie vor den Spähern, und Clarisse, welche das
Geschrei derselben hört, als sie das erbrochene Gefängnis entdeckt haben,
wendet sich sogleich zur Flucht. Sie eilt durch den Garten zu der
Mauer, welche auf einem zwanzig Fuss hohen Felsen liegt, und da sie
lieber sterben als gefangen genommen und gesteinigt werden will, be-
kreuzt sie sich und lässt sich in den unten vorbeifliessenden Graben
hinabgleiten; beschunden aber bleibt sie oberhalb des Wasserspiegels in
einem Dornenbusch hängen und wird vor Schmerz ohnmächtig. [P schliesst
sich eng an C an. Doch wird ausführlicher erörtert, wie es Florent
möglich war, den König von Navarra wieder in Freiheit zu setzen.
Garins Ritter hatten, ermüdet von dem Kampf, den Palast verlassen, um
sich zu erholen, und nur sehr wenige waren bei dem Könige geblieben.
So ward Florent nicht gehindert, mit dem König die Stadt zu verlassen.
Ferner ist in P gesagt, dass Clairette in einem Zimmer desselben Turmes
eingeschlossen ist, in dem Florent sich befindet, was in C nicht der Fall
ist. Nach Pf¹, Pf² und Pf³ wirft Clairette ihrem Geliebten die Blumen
durch ein Gitter zu, welches auf den Garten hinaus führt, während nach
Pe durch ein Fenster; ausserdem streckt in Pf² und Pe Florent seiner
Geliebten durch ein Fenster die Hände entgegen, ohne sie indessen auch
hier erreichen zu können, während Pf¹ und Pf² eine Schiessscharte
nennen wie C. Die Worte welche Clarisse zu der Rose spricht, fehlen P.
Ferner sind es in Pf¹, Pf² und Pf³ die Späher selbst, welche Mitleid mit
den Liebenden haben, und einer derselben warnt sie, wogegen dann zwei
andere Späher von dem König Garin abgeschickt werden, nach Pf³ nur
einer, um nachzusehen, ob nicht jemand die Gefangenen zu trösten kommt,
und diese entdecken, dass Clairettens Gefängnis erbrochen ist, und schlagen
Lärm, worauf die Jungfrau entflieht. Nach Pe kommt zunächst ein
Späher, welcher von Garin abgeschickt ist und Mitleid mit den Liebenden
hat; darauf erst erscheinen noch zwei andere, welche Lärm schlagen,
als sie das Gefängnis offen sehen. Clairette kommt am Ende des Gartens
an einen Felsen, unter dem sich ein tiefes Wasser befindet. Da sie
Leute sieht, welche sie mit Fackeln suchen, wagt sie es, sich von dem
Felsen hinabzulassen, bleibt aber in einem Busche ohnmächtig hängen.
[4598—4845; 643,8—53,22.]

§. 215. C: Als Clarisse entflohen ist, eilt der Wächter nach dem
Garten und blickt von dem Felsen hinab. Er gewahrt Clarisse in dem
Busche hängen, eilt nach einem Kahne und fährt nach der Stelle, wo
sich die Jungfrau befindet. Er hilft ihr das Fahrzeug besteigen und

setzt sie an das jenseitige Ufer über, wo er sie in einem Walde verbirgt. Darauf kehrt er zurück, um auch Florent zu befreien. Mit einer Hacke gelingt es dem Wächter die Mauer zu durchbrechen. Florent eilt nach dem Stall, indem sich sein Ross befindet; er sattelt es und reitet nach dem Walde, wo er Clarisse findet, sie auf sein Ross hebt und mit ihr davonreitet. Clarisse redet Florent zu, sie allein fliehen zu lassen, während er nach der Stadt zurückkehren solle, um dort einst zu herrschen; indessen findet dieser Vorschlag durchaus nicht Florents Zustimmung. Als die Liebenden sich von Garin und seinen Leuten verfolgt sehen, beeilen sie ihre Flucht noch mehr. Sie kommen ans Meer und besteigen ein gerade vor Anker liegendes Schiff, welches alsbald mit ihnen davonsegelt.[1]) Der treue Wächter ist zurückgeblieben, da er zu Fuss nicht so schnell fliehen konnte. Nicht lange erst haben die Liebenden das Land verlassen, als Garin mit seinem Gefolge am Gestade anlangt und das Schiff davonfahren sieht, auf dem er sogleich seinen Sohn und Clarisse vermutet. Garin will den Wächter töten lassen, da er die beiden befreit habe. Vergebens warnt Pierron den König, gegen den Wächter gewaltsam vorzugehen, da dieser viele Verwandte habe, und er macht Garin darauf aufmerksam. dass der Schuldige von den Pairs verurteilt werden müsse. Garin will indessen nichts davon hören; auch das Flehen des Wächters kann ihn nicht rühren, obwohl dieser zu büssen und für immer in die Verbannung zu gehen verspricht. Desgleichen rufen seine Verwandten umsonst den König um Mitleid an. Da sich Pierron dem König energisch widersetzt, ergrimmt dieser so, dass er einen Fussschemel ergreift und nach dem Grafen schleudert, worauf zwischen dem Wächter nebst seinen Verwandten und Freunden und dem König und seinen Anhängern ein Kampf entsteht. Davon hört König Desiier und lässt sogleich ein Heer unter die Waffen treten. Er feuert seine Leute an, indem er ihnen erzählt, dass seine Schwester von ihrem Gemahl, dem König Garin, ermordet worden sei. Desiier greift die Stadt an, und es entspinnt sich ein heftiger Kampf, in dem die Lombarden Sieger bleiben. Garin flieht, um sein Leben zu retten, in den Münster, wo er am Altar Schutz sucht. Die Feinde eilen ihm nach und würden ihn trotz der Heiligkeit des Ortes getötet haben, wenn ihn nicht der Wächter gerettet hätte. Die Feinde ziehen sich in ihr Lager zurück. Auf einen Monat wird ein Waffen-

---

1) Wenn H. Brunner: Ueber Aucassin und Nicolete, Halle a. S. 1880, S. 25 auf Grund einer Vergleichung der Prosaversion mit der Novelle von »Aucassin und Nicolete« die »Chanson de Clarisse et Florent« als eine Nachbildung des letzteren bezeichnet, so trifft dies für den mittleren Teil der Chanson — von der Ankunft der Clarisse in Aragon an bis zu ihrer Flucht mit Florent — zu. Leider lässt sich aus einer Vergleichung von C und P mit der Novelle nicht erschliessen, ob C oder die Vorlage von P (cf. § 225) die ursprünglichere Fassung bot, da die Novelle in sehr freier Weise nachgebildet ist und sich keine Fälle finden, wo sei es C sei es P derselben näher steht. Höchstens verdiente folgender Fall Berücksichtigung: Nach P hat ein geringfügiger Streit den Krieg zwischen Garin und dem König von Navarra entzündet, während nach C Desiier gegen Garin Krieg führt, weil letzterer seine Gemahlin, die Schwester Desiiers, getötet hat. Die Novelle nennt gar keine Ursache des Krieges, sodass die Vorlage von P vielleicht der Novelle näher gestanden hat wie C. Die Motivierung des Krieges wäre also ein selbständiger Zusatz von C. Dass dem Dichter der »Chanson de Clarisse et Florent« auch die Sage von »Flore und Blancheflor« bekannt gewesen, könnte der Name »Florent« vermuthen lassen.

stillstand abgeschlossen. [Nach P findet der Wächter, welcher die Liebenden warnt, Clairette in dem Busche, und bringt dem entflohenen Florent
noch Harnisch, Schild, Helm, Lanze und Schwert, ehe sich dieser auf
sein Pferd schwingt, um Clairette aufzusuchen. Ferner rettet sich der
Wächter zunächst in den Wald, um dem Zorne des Königs zu entgehen,
als dieser naht. Sodann droht Pierre in die Dienste des Königs von
Navarra zu treten, wenn Garin den Wächter töten lasse. Von allem
dem weiss C nichts. Dagegen fehlt wieder P die Bemerkung, dass der
Wächter sich erbietet, als Busse in die Verbannung zu ziehen. Abweichend von C wird er zunächst ins Gefängnis geworfen, und der König
lässt ein Schafott errichten. Nach P beginnt Garin auch nicht den
Kampf durch einen Wurf mit dem Schemel, sondern Pierre fordert
die Verwandten des Wächters auf, die Waffen zu ergreifen, den Gefangenen
zu befreien und ihm Waffen in die Hand zu geben. Weiter erzählt hier ein
Spion dem König von Navarra von dem Aufstande in der Stadt. Auch nach
P flieht zuletzt Garin in eine Kirche, aber sucht nicht Schutz am Altar, sondern
verteidigt sich auch in der Kirche tapfer mit seinem Schwerte; erst als er im
Begriff ist, gefangen genommen zu werden, weist er den König von Navarra
auf die Heiligkeit des Ortes hin, und jener verspricht die Stadt zu räumen,
wenn Garin dem Wächter verzeihe. Also hier rettet dieser seinem grau-
samen Gebieter das Leben nicht. [4846–5164; 643,23–61,34.]

§. 216. C: Florent und Clarisse segeln über das Meer, und zwar ge-
denken die Seeleute noch dem heiligen Grabe zu fahren. Sie wählen
Florent zu ihrem Anführer und versprechen, ihm in jeder Lage zu helfen.
Ein heftiger Wind treibt das Schiff nach Bouguerie zu. Die dort wohnenden Heiden bemerken die Ankömmlinge und fahren ihnen auf zwei
Schiffen mit sechshundert Mann entgegen. Es kommt zu einem hartnäckigen Kampfe, in dem die meisten Christen, da sich ihr Schiff mit
Wasser zu füllen beginnt, erschlagen werden. Clarisse flieht, um dem
Tode in dem mit Wasser angefüllten Fahrzeuge zu entgehen, da ihr
keine andere Wahl bleibt, auf eine der Galeeren der Heiden. Als Florent
seine Geliebte in den Händen der Ungläubigen sieht, eilt er ihr nach,
um sie zu befreien, wird aber nach tapferer Gegenwehr gefangen genommen. Der Schmerz um Clarisse lässt Florent in Ohnmacht sinken;
die Jungfrau hält ihn für tot und verliert ebenfalls das Bewusstsein.
Darauf werden alle überlebenden Christen gefangen gesetzt. Der Castellan
aber, mit Namen Sorbarré, welcher im Herzen Christ ist und seinen
Glauben vor den Heiden nur nicht zu bekennen wagt, hat Mitleid mit den
Gefangenen. [In P ist nicht erwähnt, dass die Schiffer, welche Florent
und Clairette aufgenommen haben, nach dem heiligen Grabe zu steuern;
sie durchsegeln das africanische Meer und gelangen in die Nähe der
Insel Candia, als ein Wind sie an die Küsten der Barbarei treibt und
zwar in den Hafen von Anfalerne, wo sie sich genötigt sehen Anker zu
werfen. Die in Anfalerne wohnenden Heiden schicken sich an, sich des
Schiffes der Ankömmlinge zu bemächtigen, und nahen auf einem Schiff
und einer Galeere. Der Kampf verläuft in derselben Weise wie in C, und
die Liebenden werden dem Castellan zur Bewachung übergeben. [5165—
5331; 662,1–67,2]

§. 217. C: Der Castellan fragt die beiden Gefangenen, woher sie sind,
und Florent erzählt ihm, dass er der Sohn König Garins von Arragon,
und wie es ihm um seiner Liebe zu der Jungfrau willen ergangen sei.
Sorbarré verspricht ihnen zu helfen und, wenn möglich, alle Gefangenen
in der Stadt zu befreien. Vier Diener ruft er herbei und erzählt unter
dem Siegel der Verschwiegenheit, dass er einst König von Catalonien

gewesen sei und mit fünfzig tausend Mann die Stadt Cassonne verlassen habe. Aimeris von Nerbonne habe ihn seiner Leute beraubt, Hernaus ihn gefangen genommen und Gerbers ihn nach Tarragona führen lassen. Später sei er auch nach Bordeaux gekommen, wo er den Herzog Huon, seine Gemahlin Esclarmonde und deren Tochter Clarisse gesehen habe, um die sich manch hoher Baron beworben hätte. Sein Reich Catalonien habe er verloren und sei durch seinen Oheim in seine jetzige Stellung gebracht worden. Er befiehlt den Dienern, alle gefangenen Franzosen gut zu behandeln, was jene versprechen. Clarisse klagt im Stillen über ihr Unglück, das sie stets verfolgt hat, und flüstert in ihrem Selbstgespräch, dass, wenn Florent wüsste, wessen Tochter sie sei, er sie bereits zu seiner Gemahlin gemacht haben würde; sie aber werde nie das Geheimnis verraten. Florent indessen hat die Worte gehört und ist hoch erfreut; inständig bittet er den Castellan, Clarisse zu helfen. Plötzlich sieht Sorbarré ein Schiff nahen, welches vom Sturme seeuntüchtig gemacht worden war. Florent und der Castellan eilen nach dem Hafen und begrüssen die Fremdlinge. Der Anführer erzählt, dass sie von Jerusalem kämen, aber, von einem Sturme verschlagen, in das Mohrenland verschlagen wären, wo die Leute schwärzer als Tinte aussähen. Die Sonne schrie dort jeden Morgen bei ihrem Aufgange so, dass alle Leute in die Keller entfliehen, weil sie ein Volk bescheinen müsse, welches nicht an Gott glaube. Sorbarré teilt den Schiffern mit, dass der junge Mann Florent, der Sohn König Garins von Arragon, sei und berichtet ihnen von seinem Schicksal, worauf sich plötzlich herausstellt, dass die Schiffer von Arragon ins Meer gegangen sind, um Florent zu suchen, aber vom Winde verschlagen worden sind. Der Castellan verbirgt die Angekommenen in dem Schlosse, lässt Waffen herbeischaffen und Schiffe in Bereitschaft setzen. Die gefangenen Christen hofft er befreien zu können. Bei verriegelten Thüren speisen die Ankömmlinge mit Sorbarré und den beiden Liebenden und versehen darauf ihr Schiff mit Proviant. Als sie aber am Morgen aufbrechen wollen, hat sich die Nachricht von dem Verrat des Castellans bereits unter den Sarazenen verbreitet, und diese eilen herzu und belagern das Schloss; indessen gelingt es den Belagerten, sich durchzuschlagen und die gefangenen Franzosen in der Stadt zu befreien, worauf sie ein Blutbad unter den Heiden anrichten und die Stadt in Brand stecken. Darauf besteigen sie die Schiffe und kommen über Sizilien nach Romenie; einige bleiben in Witran zurück. [In P wird der Castellan Sorbarré zu Sorbare, und zwar nennen ihn Pf¹ und Pf² chastellain, Pf² gouverneur und Pe capetayne of the towne and castall. Sorbare erzählt hier, dass er einst König von Belmarin (Belmaryn) gewesen und im Streite mit Esmery de Narbonne (Aymery of Narbone) von Reynaut (Reynalt) de Beaulande gefangen genommen worden sei. Dieser habe ihn gefangen nach Bordeaux geführt, wo er auch Huon, dessen Gemahlin und Clairette gesehen habe, welche damals sechs Iahre alt gewesen sei und um die sich viele Fürsten beworben hätten. Clairettens Alter, als sich Fürsten, Grafen und Könige um sie bewarben, wird in P an dieser Stelle also auf sechs Iahre angegeben, während vorher gesagt ist, dass sie zu der Zeit bereits fünfzehn Jahre alt war, nach C sogar sechzehn. In C sagt Sorbarré nicht, wie alt Clarisse gewesen ist, als er sich in Bordeaux befand. Dann, fährt Sorbare fort, sei er zu seinem Oheim geflohen, welcher ihn eingesetzt habe, die Stadt Anfalerne zu hüten. Dieser Bericht des Castellans ist klarer wie in C. Florent und Clairette bekommen jedes ein Zimmer in dem Turme angewiesen, wovon in C nicht die Rede ist. Dennoch aber vernimmt

Florent Clairettens Selbstgespräch und hört, dass sie von hoher Herkunft ist. Darauf bittet Florent den Castellan, welcher sich im Hofe ergeht, vom Fenster seines Zimmers aus, Mitleid mit ihm und Clairette zn haben. Nach P werden ferner vier grosse Schiffe, welche von Jerusalem kommen, durch den Sturm in den Hafen von Anfulerne geworfen. Wie in C stellt es sich heraus, dass die Ankömmlinge aus Arragon abgesandt sind, Florent zu suchen, und zwar wird hier ausdrücklich gesagt, dass Garin sie geschickt hat. Ferner wird erst aus P ersichtlich, wie die Sarazenen von dem Verrat des Castellans Kunde erhalten haben. Ein Sarazene hat nämlich den Anschlag gehört und verrät ihn den Bürgern. Abweichend von C wird ausdrücklich gesagt, dass Sorbare, Florent, Clairette und die übrigen nach Arragon zurücksegeln, und Clairette ist, als sie davon hört, sehr dadurch in Schrecken gesetzt, weil sie den Hass Garins fürchtet. Darauf entgegnet ihr Florent, dass sie nichts zu fürchten habe, und dass sie sich und ihm alle die Qualen und den Hass seines Vaters hätte ersparen können, wenn sie ihre Herkunft nicht verschwiegen hätte. [5332—5641; 667,3—76,6.]

§ 218. C: Mittlerweile ist in Arragon der Waffenstillstand zwischen Garin und Desiier bald vorüber; es sind nur noch zwei Monate bis zum Ablauf desselben. Darin liegt ein Widerspruch, weil, wie wir gesehen haben, der Waffenstillstand überhaupt nur auf einen Monat abgeschlossen war. Plötzlich bebt in einer Nacht die Erde, und es lässt sich eine Stimme in der Luft hören, welche ruft, man solle sich nicht so sehr mit dem Kampfe beeilen, denn es werde bis dahin Hilfe kommen. Garin quält das Gewissen, dass er seinen Sohn in die Verbannung getrieben hat, und er wird vor Schmerz ohnmächtig, sodass man ihn schon für tot hält. Während er sich, nachdem er aus seiner Ohnmacht erwacht ist, im Münster befindet, um die Messe zu hören, erscheinen plötzlich Gloriant und Malabron und grüssen Garin von Huon von Bordeaux, welcher Monmur beherrsche, dem Sohne Seuins. Huon sei der Vater der Clarisse und werde kommen, Garins Reich zu beschützen und Frieden zwischen Desiier und Garin zu machen. Dann werde er Florent seine Tochter Clarisse als Gemahlin geben. Hierauf versichert Garin, dass er sich vollständig Huon unterwerfe. Die beiden Boten kehren in das Feenreich zurück und berichten Huon von der Ausführung ihres Auftrages und dass Garin sich ihm unterwerfe. Als der Tag gekommen ist, an welchem in Arragon die Feindseligkeiten wieder aufgenommen werden sollen, ziehen die Ritter Garins, nachdem sie die Messe gehört, zum Streite aus. Da wünscht sich Huon mit hundert tausend Mann und mit Malabron, Gloriant und Esclarmonde nach Arragon, um den Streit beizulegen, und weiter wünscht er Clarisse, Florent, Sorbarré und den Abt Ouedon herbei. Kaum hat Huon den Wunsch ausgesprochen, als er sich bei Arragon befindet. Die Lombarden sind überrascht und durch das plötzlich auftauchende Heer in Schrecken gesetzt, und Desiier befiehlt einigen Rittern und seinem Bruder Milon hinzureiten und zu fragen, wer die Ankömmlinge seien; als diese sich indessen weigern, beschliesst der König sich selbst hinzubegeben. Schon aber kommen ihm Gloriant und Malabron entgegen, und der erstere teilt ihm mit, dass Huon, welchem Auberon das Feenreich übergeben habe, gekommen sei, den Frieden herbeizuführen und seine Tochter zu verheiraten. Desiier unterwirft sich. Garin und seine Ritter werden herbeigerufen, und Garin gesteht freimütig ein, wie er an Clarisse gehandelt hat, und dass sein Sohn mit ihr entflohen ist. Darauf wünscht Huon noch einmal Clarisse, Florent und den Abt Ouedon herbei, und sogleich nahen diese mit grossem Ge-

folge; auch Morgue, Oriande und andere Feen befinden sich darunter.
Clarisse feiert mit ihren Eltern und Garin mit seinem Sohne ein frohes
Wiedersehen. Garin bewilligt jetzt gern Florent die Bitte, Clarisse zu
seiner Gemahlin nehmen zu dürfen, da er nun weiss, von wie hoher Herkunft sie ist. Hierauf erzählt Florent seine Abenteuer und führt Sorbarré,
welcher ebenfalls erschienen ist, vor Garin, und der Castellan empfängt
nun die Taufe. Huon lässt die beiden Könige Frieden schliessen und
giebt Florent seine Tochter zur Gemahlin. Zugleich beschenkt er ihn
mit Bordeaux, Belin, Blaiues und Guimer. Desiier setzt Florent als Erben
seines ganzen Reiches ein, weil er Arragon verwüstet hat. Acht Tage
dauern die Hochzeitsfeierlichkeiten. Der Abt Ouedon übergiebt Clarisse
die kostbaren Steine, welche ihr Vater einst mitgebracht hat. Darauf
wünscht Huon durch seine Macht, welche ihm Auberon verliehen, dass
Schlösser und Häuser entstehen, alle Barone bereichert werden, in keinem
Hause Mangel herrsche, Wälder und Flüsse sich bilden, Güter und Wein-
berge, Hirsche, Eber, Schweine und Schafe entstehen und die Leute den
Streit hassen und Gott dienen. Alsdann nimmt er Abschied. Esclarmonde giebt ihrer Tochter noch allerhand gute Ratschläge, ehe sie
sich von ihr trennt, und endlich kehren Huon und seine Gemahlin nach
Monmur zurück. Huon muss sich so beeilen, weil Artus bereits wieder
vor Boucane zum Kampfe erschienen ist. Mit Esclarmonde wünscht er
sich in sein Reich zurück und ist sogleich dort. Nun nimmt auch Desiier
Abschied, und in Frieden scheiden die beiden Könige. Auch der Abt
verlässt Arragon wieder. [Nach *P* war ebenfalls auf einen Monat ein
Waffenstillstand zwischen Garin und seinen Feinden abgeschlossen worden;
aber der erwähnte Widerspruch, welchen *C* aufweist, findet sich hier
nicht. Als in *C* Huon seine Tochter und Florent herbeigewünscht hat,
sieht er sie alsbald auf einem nahe gelegenen Berge auftauchen, während
sie nach *P* mit ihrem Gefolge auf Schiffen in den Hafen einlaufen. Unter
den begleitenden Feen wird in *Pf'*, *Pf'* und *Pe* noch Transline genannt,
wofür *Pf³* Crussine bietet. Abweichend von *C* ist auch in *P* der Abt von
Clugny von Huon nicht mit herbeigewünscht worden, und so übergiebt
er auch Clairette nicht die kostbaren Steine. Huon versetzt auch in *P*
das Reich Arragon wieder in den blühenden Zustand, in dem es vor der
Belagerung war; indessen wird nur von Häusern und Schlössern, welche
er entstehen lässt, nicht aber von dem Getier, von Wäldern, Flüssen u. s. w.
gesprochen. Da *P* von dem fortgesetzten Kampfe zwischen Huon und
Artus nichts weiss, kann für die so eilige Rückkehr Huons nach Monmur
nicht als Grund angeführt werden, dass Artus wieder in das Feenreich
eingefallen ist; sondern hier entschliesst sich Huon einfach, nach Monmur
zurückzukehren. [5642—6183; 676,7—90,8.]

§ 219. Hier werden wir die »Chanson de Clarisse et Florent« ab-
schliessen und die »Chanson d'Yde et Oliue« beginnen müssen, obgleich
sich ein ausdrücklicher Anfang derselben nicht findet. — C: Nach der Abreise der Gäste herrscht in Arragon grosse Freude über die Rückkehr
Florents und seine Vermählung mit Clarisse. Es wird uns von dem Opfer
Florents und seiner Gemahlin im Münster erzählt und von dem darauf
stattfindenden Festmahl Garin stirbt nach kurzer Zeit und wird im
Münster begraben, worauf Florent und Clarisse gekrönt werden. Clarisse
sieht ihrer Niederkunft entgegen und giebt einer Tochter das Leben,
welche den Namen Yde empfängt; die Mutter stirbt aber bei der Geburt. Als Florent die Nachricht hiervon erhält, ist er untröstlich und
eilt in den Palast, wo er bei der Leiche ohnmächtig niedersinkt. Sorbarré
hebt ihn auf, und man bittet ihn, als er wieder zu sich gekommen ist,

sich nicht seinem Schmerze zu überlassen. Clarisse wird feierlich beige-
setzt. Zwei Ammen läßt Florent für seine Tochter herbeiholen. Als Yde
sieben Jahre alt ist, lernt sie lesen und romanisch sowie lateinisch
schreiben. Um die vierzehnjährige Jungfrau bewerben sich ihrer Schönheit wegen Könige, Fürsten, Herzöge und Grafen; aber Florent will
seine Tochter nicht von sich geben und weist jeden Freier ab. An
einem Tage im Mai, als Florent mit seinen Baronen aus dem Münster
kommt, versammelt er diese in einem Garten und erklärt ihnen, daß er
die Absicht habe, sich wieder zu vermählen. [P weicht in diesem Abschnitt nur wenig ab. Sie sagt nichts von dem Opfer der Neuvermählten
nach der Abreise der Gäste, und Sorbare wird bei dem Tode Clairettens
nicht mehr erwähnt. Endlich ist von Bewerbern um die Hand der Ide
nicht die Rede. [6184—6349; 690,9—93,14.]
    § 220. C: Florent erklärt also seinen Baronen, daß er gewillt sei,
sich wieder zu vermählen, und zwar teilt er ihnen auf ihr Befragen,
wer die Auserwählte sei, mit, daß er seine eigene Tochter Yde zu seiner
Gemahlin zu machen beabsichtige. Alles gerät in Bestürzung. Die
Barone, besonders Sorbarré, machen dem König Vorstellungen, aber vergebens. Er läßt Yde, welche fünfzehn Jahre alt ist, herbeiholen. Ihre
Schönheit wird ausführlich geschildert. Florent erklärt ihr, daß er sie
zu seiner Gemahlin machen wolle. Auch die Vorstellungen der Yde
selbst helfen nichts. Schon scheint sie sich dem Willen ihres Vaters
unterwerfen zu müssen, als sich ihr eine Möglichkeit bietet zu entfliehen.
Nämlich der König Desiier von Pavia zieht mit grossem Gefolge in die
Stadt ein, und Florent eilt ihm entgegen, ihn zu begrüssen. Diese Ge-
legenheit benützt Yde. Sie zieht Männerkleider an, besteigt das Ross
ihres Vaters und reitet davon. Nur bei Nacht setzt sie immer ihren
Weg fort, während sie sich am Tage im Walde verborgen hält. Die
Not zwingt sie aber ihr Ross zu verkaufen, und sie geht zu Fuss weiter.
Sie wendet sich nach Deutschland und macht zunächst in Barsillon Halt.
[P weicht zunächst nicht von C ab; nur wird die Schönheit der Ide in
P nicht so ausführlich beschrieben. Wesentlich anders hingegen wird
hier die Flucht erzählt. Von dem Kommen des Königs von Navarra,
Desiier in C entsprechend, ist, wie wir sehen werden, erst später die
Rede. Ide klagt in P einer alten Dame, ihrer Erzieherin, welche die
Schwester Pierres von Arragon ist, ihre Not und erklärt ihr ihren Ent-
schluss, fliehen zu wollen. Die Dame weiß Sorbare in das Geheimnis
ein, und beide kommen zu dem Entschluss, Ide in Männerkleidern entfliehen zu lassen. Die Flucht gelingt. [Yde macht nach C also zunächst
in Barsillon Halt. Dahin kommt eine Schar von Deutschen, welche hier
ihre Nachhut erwarten wollen, um dann dem König Oton von Rom zu
Hilfe zu ziehen, welcher mit dem König von Castilien und Spanien im
Streite liegt. Yde tritt als Knappe in die Dienste eines der Deutschen.
Auf dem Wege nach Rom müssen die Deutschen einen grossen Wald
passieren. Hier werden sie von mehr als sieben tausend Spaniern angegriffen. In dem Kampfe, in dem sich auch Yde tapfer schlägt, fallen
alle Deutschen, und nur Yde entkommt. Bald stösst sie auf eine Räuber-
bande, welche um ein Feuer sitzt. Sie reitet heran und bittet die Räuber,
sie an ihrem Mahle teilnehmen zu lassen. Die Bitte wird ihr gewährt.
Als man sie darauf zwingen will, selbst Räuber zu werden und sie sich
weigert, macht ihr der Räuberhauptmann den Vorschlag, sich mit ihm
im Zweikampf zu messen. Wenn Yde siege, sei sie frei, wenn nicht,
werde sie ausgeraubt. Yde geht darauf ein, und es gelingt ihr, den
Räuber so zu Boden zu werfen, dass er tot liegen bleibt. Darauf be-

steigt sie ihr Ross, schlägt noch einem Räuber, der es festhalten will, eine Hand ab und reitet nach Rom. Als Ydens Flucht bemerkt wird, herrscht grosse Aufregung in Arragon; doch macht Florent keine Anstalten, seine Tochter verfolgen zu lassen. [Anders in P. Diese erzählt, dass am Morgen nach der Flucht der König von Navarra in die Stadt einzieht, um Florent einen Besuch abzustatten. Florent zieht ihm entgegen und erfährt, als er mit seinem Gaste in das Schloss zurückkehrt, die Flucht seiner Tochter. Sogleich setzt er dem eine hohe Belohnung aus, der seine Tochter erreichen oder von ihr Kunde bringen kann; aber alle Nachforschungen sind vergebens. Inzwischen hat sich Ide auf den Weg nach Deutschland gemacht und kommt endlich in Basel an. Dort tritt sie, wie in C, als Knappe in den Dienst eines Deutschen. Die Ereignisse bis zu ihrer Ankunft in Rom werden genau so erzählt wie in C; nur tötet Ide, nachdem sie dem einen Räuber die Hand abgeschlagen hat, noch fünf andere. [6350—6777; 693,15—708,9.]

§ 221. In Rom angekommen, erfahren wir aus C weiter, begiebt sich Yde in das Schloss des Königs Oton und begrüsst diesen. Auf die Frage desselben, wer sie sei, antwortet sie, sie habe lange als Knappe in Deutschland gedient, und berichtet von dem Ueberfall durch die Spanier. Während der König mit Yde redet, kommt seine Tochter Oliue und nimmt neben ihrem Vater Platz. Von dem König nach ihrem Namen und ihrer Herkunft gefragt, nennt Yde ihren Namen und sagt, sie stamme aus Terrascogne aus dem Geschlechte Aimeris, Namlons und des Schotten Guillemer, sei aber durch die Verwandten Hardrés verbannt worden. Oton erklärt, Yde sei mit ihm verwandt und nimmt sie in seinen Dienst, und zwar befiehlt er ihr, seiner Tochter Oliue zu dienen. Yde erwirbt sich bald die Zuneigung aller, besonders auch der Königstochter. [Genau dasselbe berichtet P; doch erfahren wir in ihr schon an dieser Stelle, dass Oliue alsbald Ide liebt und dass auch Ide es bemerkt, wogegen C nur sagt: »Oliue l'a volentiers esgardée«. Ausserdem wird in P stets von dem Kaiser von Rom gesprochen, wogegen C Oton nur König nennt. Auch im Folgenden schliesst sich P eng an C an. Einen Monat, nach P zwei Monate, ist Yde in Rom, als ein Bote eintrifft und meldet, dass der König von Spanien sengend und brennend in das Land eingefallen sei. Er habe geschworen, binnen vierzehn Tagen die Stadt einzunehmen, die Königstochter zu schänden und den König zu töten, weil Oton ihm die Hand seiner Tochter abgeschlagen habe. Yde zieht mit einem Heere den Feinden entgegen, nachdem sie nach P zuvor vom Kaiser zum Ritter geschlagen worden ist. Sie greift nach C zunächst nur einen Teil des feindlichen Heeres unter dem Neffen des Königs, Embronchart, an, welchen sie tötet, während P von einem Teil des Heeres nicht spricht; sondern Ide stösst im Kampfe auf den Neffen des Königs, dessen Name hier nicht genannt wird, und tötet ihn. Darauf erschlägt sie nach C einen Ritter Pierron de Bus und mehrere andere, wogen P wieder keinen Namen nennt und noch hinzufügt, dass auch ein Oheim des Königs durch Ide fällt. Die Feinde fliehen, bis sie, wie C erzählt, auf den König Gualerant mit seinen dreitausend Rittern stossen. Ein neuer Kampf entbrennt; aber auch diesmal werden die Spanier geschlagen. Ein spanischer Ritter Alars du Grong ruft den Seinen zu, dass sie nur durch einen der Feinde geschlagen seien, womit er Yde meint. Oliue hat von der Stadt aus Ydens Thaten mit angesehen, und ihr Herz entbrennt in Liebe. Nach P stossen die Fliehenden auf den Herzog von Arragon, welcher ihnen mit dreitausend Rittern zu Hilfe zieht. Der Kampf entspinnt sich, und in diesem wirft Ide den König von Spanien zu Boden und nimmt ihn gefangen. Derselbe wird in Rom gefangen gesetzt. In C ist von dieser Gefangennahme des Königs nicht die Rede; daher weicht im Folgenden P etwas von C ab, indem P erzählt, dass der gefangene König hingerichtet werden soll, dass ihm aber Ide durch ihre Fürsprache beim Kaiser das Leben rettet und ihm und seinen Mitgefangenen gegen ein Lösegeld die Freiheit erwirkt. Nachdem er dem Kaiser gehuldigt hat, verlässt er Rom. Zuvor berichtet P noch wie C von der Ehre, welche Ide in Rom wiederfährt. Nach P macht der Kaiser Ide sogar zum Connetable, wovon C nichts sagt. In C gesteht Oliue jetzt Yde offen ihre Liebe. [6778 – 7009; 708,10—20,12.]

§ 222. C und P: Oton versammelt seine Barone und teilt ihnen seinen Entschluss mit, Yde seine Tochter zur Gemahlin zu geben und Yde als Erben seines Reiches einzusetzen. Als der König Yde die Hand seiner Tochter und sein Reich anbietet, ist jene sehr erschrocken und sucht den König von seinem Entschluss abzubringen, indem sie ihn auf ihre Armut aufmerksam macht. Als aber der König zornig zu werden droht, da Yde sein Anerbieten abschlägt, fügt sie sich in das Unvermeidliche. Oliue ist hoch erfreut, als ihr der König seinen Entschluss mitteilt. Die Vermählung findet alsbald statt. Als sich die Neuvermählten in das Brautgemach zurückgezogen haben, spielt Yde ihre Rolle als Mann immer noch weiter. Der vermeintliche Gatte wünscht seiner jungen Gemahlin gute Nacht und bittet sie, ihn zu entschuldigen, da er sich krank fühle. Darauf erklärt Oliue, dass sie vierzehn Tage lang zufrieden sei, wenn Yde sie nur küsse und umarme. Die vierzehn Tage gehen vorüber, und Yde bleibt zurückhaltend wie zuvor. Als nun Oliue ihre Ungeduld nicht länger verbergen kann, teilt ihr Yde ihr Geheimnis mit und fleht sie um Verzeihung an. Oliue hat Mitleid mit ihr und verspricht ihr das Geheimnis zu wahren. Indessen ein Diener hat die Unterredung gehört und hinterbringt das Geheimnis dem König. Dieser will sogleich erproben, ob die Nachricht wahr ist. Er lässt ein Bad herrichten, lässt Yde herberufen und befiehlt ihr, sich mit ihm zu baden. Yde bittet ihn, davon abzustehen, da sie nicht gewohnt sei, sich zu baden. Der König sagt ihr, was er gehört habe, und dass er sie und seine Tochter verbrennen lassen werde, wenn sich die Nachricht als wahr erweise. Yde fleht um Gnade. Die zusammenberufenen Barone erklären Yde und Oliue des Todes schuldig. Da umleuchtet plötzlich himmlische Klarheit die Anwesenden. Ein Engel erscheint und erklärt dem König, Yde sei ein Mann; dennoch habe der Diener die Wahrheit gesagt, denn bis zu diesem Augenblicke sei Yde ein Weib gewesen; Gott habe sie in einen Mann verwandelt. Sodann verkündet der Engel dem König, dass er in acht Tagen sterben werde, und dass Yde und Oliue einen Sohn Namens Croissant haben würden, dem viel Unglück zu ertragen beschieden sei. An demselben Tage wird Croissant erzeugt. Wie der Engel gesagt hatte, stirbt nach acht Tagen der König und wird begraben. P fügt hier ein, dass die Barone kommen und Ide und Oliue krönen, während C das als selbstverständlich übergeht. Für Oliue naht die Stunde ihrer Niederkunft. Sie giebt einem Knaben das Leben, welcher in der Taufe den Namen Croissant erhält, da eben zunehmender Mond (croissant) ist. Croissant bleibt das einzige Kind seiner Eltern. Als er zwölf Jahre alt ist, beschliessen seine Eltern, den König Florent aufzusuchen. Croissant erhält das Besitztum seiner Eltern und den Schatz des Königs Oton. Yde ermahnt ihn noch, freigebig zu sein, und verlässt dann mit seiner Gemahlin Rom. Ehe P von der Abreise von Croissants Eltern zu Florent spricht, verbreitet sie sich über die Erziehung des Königssohnes. Zunächst erhält er zwei Damen als Ammen, die ihn bis zum siebenten Iahre in ihrer Obhut haben. Dann wird ein alter Ritter und ein Geistlicher mit seiner Erziehung betraut. Mit fünfzehn Jahren ist Croissant so gelehrt, dass er mit jedem Geistlichen zu disputieren vermag. Auch ist er stärker als alle seine Altersgenossen. Pf° hat wieder ein Kapitel ausgelassen. Von dem Erscheinen des Engels, der Verwandlung Idens in einen Mann, der Geburt Croissants und seiner Erziehung wird uns hier nichts berichtet. Nach P verlassen Ide und Oliue nicht auf eigenen Antrieb Rom; sondern, als am Pfingstfest Ide mit vielen vornehmen Gästen an der Tafel sitzt, erscheinen plötzlich zwei Ritter als Abgesandte Florents, überbringen dessen Gruss und erzählen Ide, wie nach seiner Flucht Florent in eine schwere Krankheit gefallen sei. Auf dem Krankenlager habe er das Unrecht, welches er seiner Tochter angethan, eingesehen. Aus Schmerz über die Krankheit Florents sei sein Gast, der König von Navarra, ebenfalls erkrankt und gestorben, Florent aber sei genesen, Indessen sei aus Schmerz über den Verlust seiner Tochter Florent bald aufs neue krank geworden, und von dieser Krankheit könne er sich nicht wieder erholen. Er habe von allem gehört, was Ide widerfahren sei, und lasse ihn bitten, sein Reich Croissant zu übergeben, diesem Ratgeber zu erwählen und selbst mit seiner Gemahlin nach Arragon zu kommen. Zu beachten ist, dass P den König von Navarra, welcher dem König Desiier in C entspricht, sterben lässt, während Desiier, wie wir sehen werden, im weiteren Verlauf von C noch eine Rolle spielt. Ide und Oliue leisten der Aufforderung Florents Folge. Nachdem Ide seinem Sohne mehrere gute Lehren gegeben und die Barone gebeten hat, seinem Sohne zu gehorchen, nehmen er und Oliue Abschied, fahren mit grossem Gefolge den Tiber hinab, gelangen in das Meer und segeln nach Courtouse, wo sie von Florent freudig empfangen werden. Sie kehren nicht wieder nach Rom zurück, sondern bleiben bis an ihr Lebensende in Arragon. Croissant bleibt ihr einziges Kind. Damit schliesst P die Geschichte von Ide und Oliue, und die folgenden Erlebnisse Croissants bilden eine Geschichte für sich, eine weitere Fortsetzung. Anders verhält es sich in C. Wie wir gesehen haben, nehmen Yde und Oliue Abschied von ihrem Sohn und verlassen Rom, um Florent aufzusuchen. Von ihrer Ankunft daselbst wird aber zunächst nichts berichtet; vielmehr wird von den Erlebnissen Croissants erzählt, und erst nach diesen erfahren wir Weiteres von Yde und Oliue. Die Geschichte von Croissant bildet damit nur einen Einschub in die »Chanson d'Yde et Oliue«, während sie in P als selbständige Fortsetzung erscheint. [7010—7271; 720,13—37,26.]

§ 223. Wenden wir uns zu den Erlebnissen Croissants und folgen wir zunächst C. Croissant zeigt sich sehr freigebig. Mit vollen Händen spendet er Geschenke und veranstaltet Feste. Als er fünfzehn Jahre lang dieses Leben geführt hat, ist er ein armer Mann. Da verlässt er Rom. Bald darauf, als er der Stadt den Rücken gewendet hat, kommt der reiche König von Ispolite, Guimart, ein Neffe Desiiers, nach Rom. Die Römer beschliessen, ihn zu ihrem König zu wählen. [P erzählt ebenso, wie Croissant bald all sein Hab und Gut vergeudet und indessen verlässt er hiernach von einem Diener begleitet die Stadt. Der König Guyemart wird hier König von Pouille genannt, und es wird von seiner Wahl zum König von Rom nichts gesprochen, während wir aus C nur erfahren, dass die Römer die Absicht haben, ihn zu ihrem Herrscher zu erwählen. Hierauf zeigt P einen umfangreichen Einschub. Croissant ist mit seinem Diener in Grenoble angekommen. Dort erfährt er, dass der Graf Remon von Sainct-Gille in Nizza von dem König von Belmarin belagert wird. Croissant begiebt sich mit seinem Diener nach Nizza. Sie gelangen glücklich durch die Belagerer und werden von dem Pförtner als Christen in die Stadt eingelassen. Am folgenden Morgen begiebt sich Croissant zu dem Grafen Remon. Dieser nimmt ihn freundlich auf und schlägt ihn mit seinem eigenen Sohne und mehreren anderen zum Ritter. Der Graf erhält Hilfe durch seinen Bruder, den Herzog von Calabrien, welcher mit einem Heere in die Stadt einzieht. Croissant erwirbt sich, da er im Lanzenstechen alle übertrifft, bald aller Achtung und die Zuneigung der Damen. Deshalb wird der Sohn des Grafen neidisch auf Croissant und trachtet ihm nach dem Leben. Als Croissant dem Grafen seine Herkunft mitteilt, ist dieser hoch erfreut und bietet Croissant die Hand seiner Tochter und einen Teil seines Besitztums und seines Landes an. Der Sohn des Grafen wird dadurch in seinem Hass gegen Croissant nur noch mehr bestärkt. Remon beschliesst jetzt den Feind anzugreifen. Er teilt sein Heer in drei Teile. Den ersten befehligt Croissant, den zweiten der Sohn Remons, den dritten Remon und sein Bruder. Jede der Scharen besteht aus 15,000 Mann. Die Feinde ziehen ihnen in einer Stärke von 100,000 Mann entgegen. Croissant tötet im Kampfe den Sohn des Königs von Granada und viele andere. Dagegen fällt auf der Seite der Christen durch die Hand des Königs von Belmarin der Seneschall des Herzogs von Calabrien. Remon wirft den König von Granada zu Boden; doch wird dieser von den Seinen gerettet. Ebenso ergeht es dem König von Belmarin durch Croissant; auch er wird aber gerettet. Endlich gelingt es Croissant, den Admiral von Spanien, darauf den König von Granada und den König von Belmarin zu erschlagen. Damit ist der Sieg entschieden. Nun bietet Remon Croissant noch einmal die Hand seiner Tochter an, und dieser weist sie nicht zurück. Die Tochter des Grafen selbst ist erfreut über den Entschluss ihres Vaters. Der Hass des jungen Grafen, welcher hier Izacars (Iacars) genannt wird, gegen Croissant hat damit seinen Höhepunkt erreicht; er beschliesst Croissant zu ermorden. Mit zehn Männern will er sich des Nachts in das Schlafgemach Croissants schleichen und diesen ermorden. Indessen ein Knappe hat den Anschlag vernommen und hinterbringt ihn Croissant. Darauf legt sich dieser vollständig gewaffnet zu Bett. In der Nacht kommt Izacars mit seinen Complicen; Croissant aber tötet den jungen Grafen und fünf seiner Begleiter, während die übrigen fünf entkommen. Auch Croissants Knappe ist ermordet worden. Da Croissant die Rache Remons fürchtet, verlässt er heimlich zu Fuss das Schloss; denn sein Ross kann er nicht erlangen, weil der Stall verschlossen ist. Unterwegs sieht er sich genötigt, seine Rüstung abzulegen, um leichter gehen zu können; nur das Schwert gürtet er um. Der Pförtner der Stadt will ihm nicht öffnen; erst als er ihn zu erschlagen droht, wird ihm aufgethan. Er macht sich auf den Weg nach Rom. Inzwischen haben die fünf am Leben gebliebenen Complicen Izacars Lärm geschlagen und dem Grafen mitgeteilt, es sei ein Streit zwischen Croissant und Izacars ausgebrochen, wobei Croissant den jungen Grafen erschlagen habe, in der Absicht, einst mit der Hand der Tochter des Grafen dessen ganzes Land zu erhalten. Der Graf macht sich mit Gefolge auf, Croissant zu verfolgen; indessen kann er ihn nicht mehr erreichen, und traurig kehrt er zurück, um seinen Sohn zu bestatten. Von hier an folgt P wieder C, bietet aber mannigfache Abweichungen. [7272—7331; 737,27—60,5.]

§ 224. C: Als Croissant Rom verlassen hat, sieht er sich bald genötigt, sein Ross zu verkaufen und zu Fuss seinen Weg fortzusetzen. Er kommt in eine Stadt und begiebt sich in ein Gasthaus. Mehrere der Gäste heissen ihn willkommen, und Croissant setzt sich mit ihnen zu Tisch. Indessen er soll es bald bereuen, denn er ist in die Hände von Schurken und Spielern gefallen. Als sie gegessen und getrunken haben, fordern einige Croissant auf, ihnen die Zeche zu bezahlen; andere wollen, dass um das Bezahlen der Zeche gewürfelt werde. Croissant lässt sich auf das Spielen zunächst nicht ein, sondern bezahlt alles. Doch die Spieler sind damit nicht zufrieden. Rogier und Guileber lassen die Würfel herbeibringen und fordern Croissant auf, zuerst zu werfen. Croissant geht darauf ein und verliert. Er sieht sich genötigt, seine Kleidungsstücke herzugeben, um bezahlen zu können. Zuletzt stossen ihn die Schurken sogar noch aus der Herberge. Am anderen Tage kehrt Croissant traurig nach Rom zurück. [Ungefähr ebenso berichtet P. Croissant kommt auf seiner Flucht von Nizza in der kleinen Stadt Florencolle an. Er begiebt sich in ein Gasthaus, wo er sechs Männer beim Mahle sitzen sieht. Es sind Schurken und Spieler. Wie in C muss Croissant die Zeche bezahlen und verliert seine Kleider im Spiel. Indessen nach P lässt sich Croissant das nicht so ruhig gefallen. Er zieht sein Schwert und schlägt alle die Schurken zu Boden; nur den Wirt lässt er am Leben. Darauf ergreift er die Flucht und entrinnt glücklich seinen Verfolgern. In einer Stadt angekommen, sieht er sich genötigt, aus Geldmangel sein Schwert zu verkaufen Dann setzt er seinen Weg fort und langt bei Nacht in Rom an, ohne dass er weiss, wo er sich befindet. Er begiebt sich in ein Gasthaus und fragt den Wirt, wer der Herr der Stadt sei. Er erfährt, dass sie augenblicklich von Guyemart de Pouille beherrscht werde, dass sie aber früher der Sohn Kaiser Ides besessen habe, der, nachdem er all sein Gut vergeudet, auf Abenteuer ausgezogen sei. Darauf hätten die Römer Guyemart zu ihrem Herrscher erwählt. [In C wird nur gesagt, dass Croissant in Rom erfährt, dass man einen anderen auf den Thron erhoben habe. Croissant begiebt sich in eine Vorstadt und erbettelt von den Armen seinen Lebensunterhalt. Als man aber erfährt, dass er mit Schurken verkehrt hat, verschliesst ihm ein jeder sein Haus. Dem Kaiser kommt es zu Ohren, dass der rechte Thronerbe wieder in der Stadt weilt; doch lässt er sich nicht herbei, ihm etwas zu geben. Viele, welche durch Croissant reich geworden sind, sehen ihn, ohne ihm etwas zu schenken. Ein Bürger schüttet ihm sogar einen Kessel Wasser über den Kopf, als er ihn um Speise bittet. In seinem Unglück sucht sich Croissant in einem alten Schlosse zu verbergen, welches lange kein Mensch betreten hat. Indessen Guimar hat ihn von seinem Schlosse aus gesehen, und plötzlich erwacht in dem König das Gewissen: er macht sich Vorwürfe, Croissant des Thrones beraubt zu haben. Guimar verkleidet sich und begiebt sich mit einem Brot und einer Pastete in das alte Schloss, wo er Croissant schlafend vorfindet. Plötzlich gewahrt er ein offenes Gewölbe und in demselben einen Schatz, wie nie ein Mensch einen gesehen. Zwei Diener kommen wohl gerüstet auf den König zu und fordern ihn auf, das Schloss zu verlassen. Guimar sagt, er sei König von Rom und ihm gehöre alles. Die Diener antworten darauf, Croissant sei König. Guimer fragt, ob der Schatz verzaubert sei, worauf die Diener dies verneinen und sagen, dass er Croissant gehöre. Die Diener geben dem König drei Byzantiner und raten ihm, alle Armen nach dem Schlosse kommen zu lassen und dann die drei Münzen unter sie zu werfen. Unter den Armen werde auch Croissant sein, und er allein werde die Münzen finden. Er werde sie dem König zurückgeben wollen, woran Guimar Croissant erkennen könne. Dann solle ihn Guimar wieder in sein Erbe einsetzen und ihm seine

Tochter zur Frau geben. Der König verspricht zu gehorchen. Er lässt durch einen Ausrufer alle Armen auf seinem Schlosse versammeln. Unter ihnen befindet sich auch Croissant Der König lässt die drei Münzen zur Erde fallen. Croissant findet sie, und, als er sieht, dass es Goldmünzen sind, bringt er sie dem König, da er glaubt, dass dieser sie verloren habe. Darauf umarmt ihn Guimar, weil er seine Rechtschaffenheit erkannt hat, und lässt ihn reich kleiden. Darauf lässt er seine Gemahlin und seine Tochter herbeirufen und verspricht Croissant der letzteren Hand und sein Reich. Nun begiebt sich der König mit Croissant in das alte Schloss, und Croissant ruft, vom Könige dazu aufgefordert, den Hütern des Schatzes zu, das Gewölbe zu öffnen. Diese gehorchen, öffnen und verneigen sich vor Croissant, worauf dieser von dem Schatze Besitz nimmt. Alsdann findet die Vermählung Croissants mit der Königstochter und seine Krönung statt. Alles huldigt ihm. [Nach P haben wir Croissant verlassen, wie er von dem Gastwirt Kunde davon erhält, dass Guyemart auf den Thron erhoben worden ist. Croissant bleibt in dem Gasthaus, bis er sein Geld vollständig ausgegeben hat. Als alle, welche er einst beschenkt hat, ihm mit Undank lohnen, begiebt er sich in ein altes Schloss und schläft dort ein. Hier aber zeigt P eine Abweichung. Der Bürger, welcher Croissant mit Wasser überschüttet hat, begiebt sich zu dem Kaiser und teilt ihm mit, dass Croissant, der Sohn Kaiser Ides, wieder in der Stadt weile, und er giebt dem Kaiser den Rat, Croissant hinrichten zu lassen. Indessen der Kaiser ist über des Bürgers Rat sehr erzürnt und nennt ihn einen Verräter; vielmehr beschliesst er, wiedergutzumachen, was er an Croissant verbrochen. Er begiebt sich nach dem alten Schloss und findet dort Croissant schlafend. Darauf kehrt er in sein Schloss zurück, hüllt sich in einen Mantel, nimmt Brot, Fleisch und Wein mit, trägt dieses nach dem alten Schloss und legt es neben Croissant nieder. Da gewahrt er ein offenes Gewölbe; er betritt es und sieht es mit Schätzen angefüllt. Als er ein kostbares Bild mitnehmen will, kommen zwei bewaffnete Ritter auf ihn zu und befehlen ihm, das Bild stehen zu lassen. Darauf beschwört der König die Ritter, ihm zu sagen, wem der Schatz gehöre, und erfährt, dass Croissant sein Besitzer ist. Hierauf folgt die Probe mit den drei Goldmünzen. Alsdann nimmt Croissant von dem Schatze Besitz, von dem P sagt, dass ihn Oberon für Croissant bestimmt und den zwei Rittern zur Bewahrung übergeben habe. Die beiden Hüter des Schatzes nehmen Abschied und verlassen das Schloss, sobald sie den Schatz Croissant übergeben haben. Nun findet die Vermählung Croissants mit der Tochter Guyemarts statt, welche hier den Namen Katharina führt. Als Guyemart stirbt, werden Croissant und seine Gemahlin gekrönt. Croissant erweitert sein Reich dadurch, dass er Jerusalem und ganz Syrien erobert. Damit schliesst P ab. [7332—7644; 760,6—82,19.]

§ 225. Wie schon gesagt, erscheint die Geschichte Croissants dadurch, dass die Erlebnisse Ydes und Oliuens nicht weiter geschildert werden, in P als eine eigene Fortsetzung, ebenso wie die früheren von Esclarmonde, Clarisse und Florent, Yde und Oliue, während sie in C nur einen Teil der »Chanson d'Yde et Oliue« bildet, da nach der Vermählung Croissants der Bericht von Yde und Oliue wieder aufgenommen wird, woran sich als weitere Fortsetzung die »Chanson de Godin« schliesst. Wenn wir bedenken, dass wir gerade von der Tirade an, welche, nachdem von der Vermählung Croissants erzählt worden, auf Yde und Oliue zurückkommt, einen zweiten Dichter anzunehmen genötigt waren, der jedenfalls auch den »Roman d'Auberon« dichtete (§ 176), so zwingt sich

uns die Annahme auf, dass die Fortsetzungen der Chanson von »Huon
de Bordeaux« anfänglich mit der Vermählung Croissants abschlossen, gerade
so weit, wie auch die Vorlage von P geieicht haben wird. Da aber
in der Turiner Hs. die »Chanson d'Yde et Oline« nach der »Chanson de
Croissant« eine Fortsetzung erfuhr, zu welcher auch die »Chanson de
Godin« gehören wird, so ergiebt sich mit Notwendigkeit, dass P nicht,
wie Guessard angenommen hatte, die Turiner Hs. selbst als Vorlage benutzt haben kann. Die Vorlage von P stimmte hinsichtlich der ersten
Fortsetzungen möglicherweise allerdings ziemlich genau zu dem Text der
Turiner Hs., wiewohl sich dann P an seiner Vorlage mannigfache Aenderungen und Zusätze erlaubt haben müsste. Vielleicht gehörten dieselben indessen zu grossem Teile schon der verlorenen Quelle von P an,
und manche derselben mögen sogar der ursprünglichen Dichtung angehört haben. Nicht Aenderungen und Zusätze von P würden dann vor-
liegen, sondern solche von C.

§ 226. Folgende Proben aus dem Druck von 1545 mögen dazu
dienen, das Verhältnis der Prosaversion zu dem Turiner Text[1]) im einzelnen zu kennzeichnen. Sie werden ergeben, dass der Prosabearbeiter
die alten Verse ziemlich gründlich beseitigt hat und dass sonach zur
Einzelbesserung des Textes von C aus P kaum ein Nutzen gezogen werden kann. P unterscheidet sich hiernach wesentlich von den Prosa-
Auflösungen des Galien wie von dem Guerin de Montglave-Druck, deren
Wert für die Herstellung des arg verstümmelt überlieferten Gedichtes
von Galien aus der im Druck befindlichen Ausgabe deutlich hervorgeht.

Bl. 83 r°:

(18) Comment Huon occist le duc Raoul en la presence de
l'empereur (19) son oncle seant a table et des merueilles qu'il
fist et comment a la chas(20)se qu'on fist après luy il ab-
batit l'empereur et gaigna son destrier.

21) Huon plain d'yre et de courroux estoit monta amont les degrez du
(22) palays et vint en la salle ou moult de gens trouua la estoit l'empe-
(23)reur qui ia auoit ses mains lauees et estoit ussis a table. Huon vint
et (24) marcha deuant la table l'espee toute nue au poing si vint deuant
l'em(25)pereur et luy dist noble empereur ie vous coniure de par la vertu
di(26)uine et sur vostre part de paradis que vostre ame soit dampnee
au (27) cas que la verité me direz et que iuste et loyal iugement direz
sans (28) quelque faulceté que ia ne lairrez a dire verité pour homme
qui auiourdhuy soit en vie tant (29) vous soit de près appartenant. Amy
dist l'empereur dictes vostre plaisir et ie vous res(30)pondray. Sire dist
Huon si vous auiez vne dame espousee que vous aymissiez che(31)rement
qui fust belle, bonne, doulce saige et remplie de toutes bonnes vertus et
que de (32) verité sceussiez qu'elle vous aymast naturellement comme
bonne et loyalle femme doit (33) faire a son mary et vng traistre pourchassast celeement vostre mort pour auoir vo(34)stre femme et toutes voz
terres et seigneuries et que de certain vous sceussiez que cel(35)le faulceté
vous pourchassast et si dauanture venoit que le tronuissiez aux champs
(36) ou en ville en prez ou en boys, ou en palays, ou en salles que en
vous fust daccomplir (37) vostre pensee et vostre desir sur le traistre qui
ceste trahison vous pourchasseroit ie (38) vous demande si vous l'ociries

---

1) Die in Parenthese eingefügten Ziffern bedeuten die Zeilen des
Druckes von Olyvier Arnoullet Lyon 1545.

et mettriez a mort. Amy ce dist l'empereur moult fort m'a(39)uez coniuré
si vous en respoudray la verité car par la value des dix de mes meil:
(v° 1)leures citez nen vouldroye mentir que la verité nen disse. Vassal
sai:hez se i'auoye (2) femme telle comme vous dictes et qui fust ainsi
aornee de tant belles vertus iacoit (3) ce qu'elles soient cleres semees,
mais touteffoys si telle ie l'auoye comme icy vous m'a(4)uez recité et que
vrayement ie sceusse que tant m'aymast comme vous dictes et ie sca(5)uoye
vng homme qui fust viuant sur terre que vng tel mal et vne telle tra-
hyson me voul(6)sist pourchasser tant fust il mon prochain parent se
le pouuoye trouuer ne rencon(7)trer en quelque lieu que ce fust et en
deusse ie estre occis et decouppé il ne seroit mou(8)stier ne eglise autel
ne crucifix qui guarantir le sceust de mort que a mes deulx mains (9) ne
l'occise et auroye le cueur tel pour plus a fournir que après que le
auroye mort (10) de luy tirer son cueur hors du ventre et le menger.
Quant Huon eut entendu l'em(11)pereur il dist. O tres noble et vertueux
empereur iuste et loyal iugement auez faict (12) lequel ie ne rapelle pas
sire ie vous diray qui me a meu de vous demander et de (13) scauoir la
verité de cestuy iugement dont vous estes meslé de faire et dire le droict
tout (14) ainsi comme vous en feriez si le pareil cas vous estoit aduenu
et affin sire que a la (15) verité saichez qui m'a meu de ce faire deuant
vous pouuez veoir celluy qui ainsi vers (16) moy a voulu faire c'est vostre
nepueu Raoul lequel me pourchasse ma mort comme (17) traystre fel et
desloyal pour auoir Esclarmonde ma femme et tous mes heritaiges.
(18) le iugement qu'en auez faict tiens iuste et loyal ne iamais vous nen
serez blasmé (19) en court d'empereur ne de roy ne ia ne se trouuera
homme au monde que pour le iu(20)gement qu'en auez faict ne soyez
trouué preudhomme et pour ce sire quant si pres de (21) moy ay trouué
celluy qui ma mort m'a pourchassee iamais ne seroye digne de me
(22) veoir en court de prince si de luy ne me vengoye et mieulx aymeroye
mourir que (23) plus me deportasse. Alors traict l'espee hors du fourreau
qui gettoit moult grant clar(24)té. Quant Raoul le vit il s'effroya moult
pour ce que desarmé le veoit mais non pour(25)tant iamais n'eust pensé
que Huon fust si hardy ne osé que nul mal luy osast faire (26) pour la
presence de son oncle l'empereur qui la estoit. mais quant il vit que Huon
eut son espee (27) leuee pour le ferir il eut si grant paour si s'en fouyt
auprès de l'empereur pour garan(28)tir sa vie. mais Huon qui le cueur
auoit sur luy le poursuyuit si viuement qu'il l'attai(29)gnit d'un reuers
qu'il luy bailla par telle force que le chief luy abattit ius des espaulles
(80) et cheut le corps deuant l'empereur et la teste volla par dessus la
table dedans le plat qui (31) deuant l'empereur estoit assis, dont il eut
moult grande douleur. Dieu me doint bon(32)ne estraine ce dist Huon
iamais celluy ne sera amoureulx de ma femme de ce en suis (33) bien
asseuré. [345—68.]

Bl. 171 v°:

(23) Comment le Roy de Hongrie et le roy d'Angleterre
Florent filz du (24) roy d'Arragon requirent la belle Clairette
en mariage et comment el(25)le fut trahye par Brohart.
Et comment Bernard fut noyé. Et des maulx (26) que le
trahistre Brohart fist a la pucelle dont il mourut depuis.

(27) Bien auez ouy par cy deuant comment le roy Huon et la royne
Esclar(28)monde au deppartement qu'ilz firent a Bordeaulx recommanderent
(29) leur fille en la garde du bon abbé de Clugny laquelle creut et amen-
(30)da tellement que quant elle vint en l'aage de XV ans pour la tres

(31) excellente beaulté qui en elle estoit la renommee fust si grande par
(32) tous les pays qu'il n'y auoit roy ne duc qui la fille ne fist requerir
(33) pour l'auoir en mariage dont l'abbé et Bernard son cousin furent
(34) moult embesongnez de a chascun respondre tant qu'ilz fussent con-
tens. l'ung fut le (35) roy d'Angleterre et l'aultre fut le roy de Hongrie
le tiers fut Florent filz au roy d'Ar(36)ragon. Mais sur tous le roy de
Hongrie la vouloit auoir. l'abbé respondit aux mes(37)saigers et am-
bassadeurs du roy de Hongrie que iusques a ce qu'il auroit ouy nouuel-
·(38)les du duc Huon son pere bonnement ne lu pounoit accorder ne tenir
parolles. Mais (39) si dedans la sainct Jehan prochaine ne retournoit
qu'il estoit content que iournee fust (Bl. 172r°, 1) prinse et iour assigné
en la ville de Blaues pour traicter le dit mariage de laquelle (2) chose
le roy de Hongrie fut content. Puis quant ce vint que le iour approcha
le bon ab(3)bé se mist en chemin pour aller a Blaues pour estre a la
iournee a laquelle denoient (4) estre les roys d'Angleterre de Hongrie et
Florent le filz au roy d'Arragon. Si laissa la (5) belle Clairette en garde
a Bernard son cousin qui moult cherement l'aymoit puis (6) quant le bon
abbé fut venu a Blaues il fist tendre et encourtiner la ville et parer
moult (7) richement pour la venue des roys qui denoyent arriuer comme
ilz firent. car quant (8) ce vint le lendemain après ce que l'abbé fut
venu tous les roys si y arriuerent en moult (9) bel arroy et le premier
qui dedans la ville entra fut le roy d'Angleterre le quel quant (10) il
fut descendu assez tost après remonta a cheual et alla chasser en landes
ou il trou(11)ua maintz cerfz et maincte biche puis. après vint le roy de
Hongrie qui en moult bel (12) arroy entra dedans la ville et alla des-
cendre au palays ou l'abbé le receut a moult (13) grande ioye. Puis
entra après le roy Florent lequel y vint a moult grande compaignie.
(14) le bon abbé les vngz après les aultres les alla saluer moult humblement en leur disant (15) que luy et la ville et tout ce qu'ilz pourroient
faire estoit a leur commandement dont les roys le (16) remercierent.
[3487—3537.]

Bl. 200 r°:

(22) Comment la pucelle Yde fut retenue de l'hostel de l'empereur de Ron(23)me et comment Oliue sa fille en fut
amoureuse cuydant qu'elle fust (24) homme et comment le
roy d'Espaigne vint deuant la cité de Romme et com(25)ment
la pucelle Yde le print en la bataille et le desconfit.

(26) **Q**uant l'empereur ouyt Yde parler et luy racompter sa raison moult
(27) fort le print a le regarder si le vit droict et grant et tant bien
fuict que (28) aduis luy estoit que onc iour de sa vie plus bel iouuencel
n'auoit (29) veu, ainsi que Yde estoit parlant a l'empereur la belle Oliue
y sur(30)uint. Quant la fut venue tous les barons se leuerent a l'encontre
d'elle (31) puis s'assist emprès l'empereur son pere et regarda fort le
ieu(32)ne escuyer lequel elle loua fort en son couraige pour la tres
gran(33)de beaulté qui en luy veoit. Ceste damoyselle Oliue estoit tant
belle tant doulce et si (34) debonnaire que pour sa bonté et humilité
estoit de tous aymee et prisee. L'empereur de(35)manda a Yde comment
il auoit a nom et de quelle parenté il estoit yssu. Sire dist la pu(36)celle
i'ay nom Yde et suis natif de Terrasconne. Je suis parent au duc Nayme
de Ba(37)uiere et a Aimery de Narbonne et a l'Escot Guillermer. Mais
par les parens de Ganne(38)lon ay esté chassé et banny hors de mon pays
si ay eu depuis mainte paine et main(39)te pouureté a souffrir. Lors
l'empereur luy respondit et dist amy tu es de bonne pa(v°1)renté si ie

te retiens en ma court pour la bonté que en toy ie cuyde estre et aussi
pour le bon (2) lignaige a qui tu appartiens. Sire dist Yde dieu me
doint grace que tel seruice vous (3) puisse faire qui a vous soit plaisant.
Ma fille dist l'empereur pour l'amour de vous (4) ay retenu cest escuyer
pour vous seruir. Sire dist la pucelle moult humblement vous (5) re-
mercie. Car il semble bien a sa chere que de bon lieu soit party et
n'eust pieca seruice (6) de qui ie fusse plus contente. L'empereur appella
Yde et luy dist. Mon amy seruez moy (7) bien voyez icy ma fille que
i'ayme moult cherement a laquelle ie vous baille pour la (8) seruir, plus ·
nulz enfans ie n'ay qu'elle. Et pour ce seruez la loyaulment comme doit
(9) faire homme qui de tel lignaige est party comme vous dictes. si
bien la seruez oncques plus (10) belle aduenture ne vous aduint iour de
vostre vie. Sire, ce dist Yde, i'en feray tant moyen(11)nant la grace
de dieu que vous et elle me scaurez gré et n'est bien que bien faire ne
sache (12) pour seruir ainsi comme a noble homme appartient. Et quant
ce viendra a la guer(13)re ie me ayderay comme vng aultre au mieulx
que faire pourray ie scay bien ser(14)uir et trencher deuant roy ou royne
comme a eulx appartient. Amy, dist l'empereur, si (15) ainsi scauez
comment vous dictes, vous estes bien venu si en vauldrez mieulx et suis
(16) moult ioyeulx que deuers moy estes arriué pour moy seruir et ne
te sera besoing de (17) toy iamais partir de mon seruice. Quant Yde
entendit l'empereur moult humblement (18) le remercia et ainsi comme
vous oyez fut Yde retenu en l'hostel de l'empereur ou elle (19) fist tant
par son bon seruice que de l'empereur et de sa fille et de tous ceulx de
la court (20) fut aymee et prisee moult voulentiers. la damoyselle Oliue
la regardoit si la print (21) en son cueur moult fort a aymer et Yde
qui tost sen apperceut fist sa priere deuotte(22)ment a son seigneur
Jesucrist que tellement puisse faire que d'homme ne de fem(23)me du
monde ne soit accusee ne recongneue souuent donnoit aulx pouures moult
(24) voulentiers alloit a l'eglise si bien se contenoit leans que de tous
estoit prisee et ay(25)mee moult souuent prioyt nostre seigneur Jesuchrist
pour le roy Florent son pere (26) pourquoy elle estoit ainsi dechassee et
fouye hors de son pays iacoit ce que par luy (27) et a sa cause fust en
ce danger si prioit a dieu que vers son pere fust accordee. Ainsi
(28) comme vous oyez en ceste histoyre Yde fut en ce danger seruant
l'empereur et sa fille (29) l'espace de deulx moys vng iour aduint que
elle estant au palays auecques l'em(30)pereur qui moult voulentiers la
regardoit arriua vng messager qui moult hasti(31)uement estoit venu et
vint deuant l'empereur si le salua et luy dist. Sire saichez pour (32) verité
que le roy d'Espaigne a tresgrande puissance est entré en vostre empire
de Rom(33)me ou il vient degastant par feu et par fer. maint Roummain
ont deia occis si a iuré (34) sa loy que ains que vng moys soit passé il
sera dedans Romme a toute sa puissance (35) et dit que de vostre fille
sa voulenté fera et que vous mesmes fera mourir de mort vil(36)laine
pour ce que vostre fille luy auez refusee pour l'auoir en mariage. Sire
trop (37) mieulx vous vaulsist que vostre fille eust espousee que tant
de gens en fussent de (38) tranchez et occiz ne tant de villes arses et
destruictes ne tant de chasteaulx abbatus. (39) Sire va encontre eulx si
deffens ton pays et ta terre ou sinon les verras tendre leurs (40) temptes
et pauillons deuant ceste cité. Quant l'empereur entendit le dit mes-
saiger (Bl. 201r° 1) il fut vne espace de temps moult pensif si regarda
vers Yde et luy dist. [6806—6906.]

Bl. 207 v°:

(32) Comment le noble Croissant fut si large que il donna
tout le (33) tresor que son pere luy auoit laissé et tant que
il n'auoit plus que (34) donner et fut contrainct de s'en aller
querir ses aduentures luy et (35) vng vaslet tant seulement.
(36) Après que l'empereur Yde et l'emperiere Oliue se furent departis
de Rom(37)me Croissant leur filz creut et amenda en tous biens il se
delectoit et prenoit (38) son plaisir en tous esbatemens il faisoit crier
ioustes tournois il donnoit (39) largement aulx dames et aulx cheualliers.
Nul ne se partoit de luy que aulcun (Bl. 208 r° 1) don n'emportast il se
debatoit et prenoit plaisir a donner le sien et tant que de tous (2) estoit
loué et prisé iacoit que plusieurs anciens disoyent si Croissant nostre
ieune prin(3)ce faict ainsi longuement le tresor que l'empereur son
pere luy laissa pourra fort a(4)mendrir par quoy ceulx qui maintenant
le suyuent de si pres le lairront aller et le (5) habandonneront quant ilz
verront quil n'aura que donner comme ilz firent ainsi com (6)me icy après
pourrés ouyr. Car il donna a tel qui alors estoit pouure lequel il
enri(7)chit du sien dont depuis ne luy vouloyent donner vng pain a
menger car tant lar(8)ge fut et si grant despencier que tout le tresor
que son pere luy auoit laissé il donna (9) et deppartit et tant que
plusieurs le plaignoient moult pour la bonté et largesse qui (10) estoit
en luy il donna tant du sien que force luy conuint son estat amoindrir
et fut (11) laissé de tous ceulx qui seruir le souloyent et habandon-
nerent pour ce qu'il n'auoit plus (12) que donner et se tournoyent de
aultre part quant rencontrer le deuoient laquelle cho(13)se il congneut
tantost si eut moult grant vergongne en luy et print voulenté de soy
(14) partir du pays pour aduenture querir car il vit bien que tant auoit
donné et emprunté que (15) il ne trouuoit homme qui luy voulsist prester
vng seul denier et de ce qui demouré luy estoit (16) il achepta deulx
bons cheuaulx et monta sur vng et sur l'aultre mist vng varlet
der(17)riere lequel il fist mettre vne petite malle en la quelle il mist
vne robbe et ses chemi(18)ses chausses et souliers si n'auoit en bource
que cent liures pour sa despence faire il (19) se partit de Romme vne
matinee temperee affin que de nul ne fust apperceu. Et (20) chemina
tant par ses iournees qu'il fut loing de la cité de Romme plus de quattre
(21) iournees. Atant ie (!) vous lairrons a parler de luy iusques ad ce
que temps et heu(22)re sera de y retourner. [7272—7303.]

§ 227 ¹). Anfang und Schluss der Prosaversion nach demselben Druck
lauten:
Bl. 2 r°:
(1) Cy commence le liure du duc Huón de Bor(2)deaulx et
de ceulx qui de luy yssirent.
(3) Pour le temps qu'on comptoit l'an de grace VII cens LVI ans
(4) après le crucifiement de nostre saulueur iesuchrist regnoit (5) en France
le tresglorieulx et tres victorieulx prince Charles (6) le grant nommé
Charlemaigne. Qui en son temps acheua et mist (7) a fin maint hault
faict et mainte grande entreprinse par la gra(8)ce que nostre seigneur
luy auoit donnee en ce monde transitoire, car (9) auec ce que dieu luy
donna ceste grace d'auoir le sens et la con(10)duyte de ce faire il luy
enuoya pour luy ayder a conduyre et (11) mener a fin ses nobles entre-

---

1) Dieser Paragraph ist irrtümlich S. 2 Anm. 2 als § 327 citiert;
ebenso steht S. 1 durch ein Versehen § 329 für 229.

prinses maint noble prince et (12) maint baron par qui il entreprint a
l'ayde de eulx et de leurs grans forces auec les grans (13) prouesses dont
nostre seigneur les auoit garnis que il conquist les Allemaignes: L'Es-
clauonne: (14) les Espaignes Et vne partie d'Affricque et Saxoine ou il
enst moult a souffrir mais (15) en la parfin par l'ayde de ses nobles
barons et sa noble cheualerie il les subiugua et mist (16) a pluine des-
confiture et fut couronné de la couronne du sainct empire de Romme la
renom(17)mee de luy et de sa noble et vaillante cheuallerie s'estendit de
orient iusques en occident tel(18)lement que a tousiours mais en sera
perpetuelle memoire comme cy après pourrez ouyr.

(19) Comment l'empereur Charlemaigne requist a ses barons
    qu'ilz (20) voulsissent eslire l'ung d'eulx pour gouuerner
    son empire.

(21) Il aduint que après celuy temps que le tres noble empereur
Charlemai(22)gne eust perdu ses deulx treschiers nepueux Roland et
Oliuier et (23) plusieurs aultres barons et cheualiers en la trespiteuse et
doloreuse (24) et terrible bataille qui fut a Ronceuaulx la ou il y eut si
grant et si (25) piteuse perte que tous les douze pers de France y mou-
rurent excepté (26) le bon duc Naymes de Bauieres, vng iour que le
noble empereur tenoit court planie(27)re en sa noble cité de Paris. En
laquelle y auoit maint duc maint conte et maint ba(28)ron que filz nepueux et parens estoyent des tres nobles princes dernierement mors et
pi(29)teusement occis en la bataille deuant dicte par le pourchas et grande
trahison qui (30) auoit esté faicte et machinee par le duc Ganelon le noble
empereur qui tousiours des(31)puis estoit en dueil en soulcy et esmoy
pour le grant ennuy et desplaisir qu'il auoit eu (32) de la dessus dicte
perte et aussi pour ce que desia estoit fort affoibly pour le grant aage
(33) en quoy il se sentoit. Quant se vint que le roy les princes et
barons eurent disné le no(34)ble empereur de France appella les barons
qui la furent. Et se assist sur vng banc (35) richement paré et accoustré
emprès luy estoyent assis les nobles barons et cheualiers (36) et alors
appella le duc Naymes et luy dist: Sire duc Naymes et vous tous mes
barons (37) qui cy estes presens assez scauez le grant temps et espace
que i'ay esté roy de France et empe(38)reur de Romme lequel temps
durant ay esté seruy et obey de vous tous dont ie vous en re(v°1)mercye
et en rens graces et louenges a dieu mon doulx createur et pour ce que
certai(2)nement ie scay que ma vie par cours de nature ne peult estre
de longue duree pour (3) ceste cause principallement vous ay auiourdhuy
icy faict venir pour vous dire (4) ma voulenté laquelle si est que a tous
vous prie et tres humblement requiers que ensem(5)ble veuillez aduiser
lequel de vous pourra ou vouldra auoir le gouuernement de mon
(6) royaulme, car plus ne puis porter le trauail et peine du gouuernement d'icelluy, car (7) ie vueil d'icy en auant viure le demourant de mon
aage en paix et seruir dieu no(8)stre seigneur pourquoy tant comme ie
puis ie vous prie a tous qui cy estes que a ceste (9) chose vueillez aduiser
lequel de vous y sera le plus ydoine.

Bl. 220 r°:

(10) Du grant tresor qu'ilz rapporterent et comment Crois-
    sant (11) espousa la noble damoyselle la fille du roy Guye-
    mart et de (12) la feste qui en fut faicte.
(13) Et après que le roy Guyemart de Puylle et Croissant (14) furent
retournez au palays la damoyselle fut preste et ap(15)pareillee si furent
les deulx amans espousez puis fu(16)rent les tables mises et disnerent.

Quant vint après dis(17)ner les ieunes cheualliers si iousterent et tour-
noyerent. (18) Puis quant ce vint lheure du soupper et que il fut appre-
(19)sté ilz se assirent si bien auoyent esté seruis au disner, et (20) aussi
furent ilz au soupper, puis quant ilz eurent souppé, et (21) que dances
furent faictes Croissant et son espousee fu(22)rent menez coucher en vne
moult riche chambre ou en (23) ycelle nuict accomplirent leurs desirs.
Car plus belle paire on n'auoit veu mettre (24) ensemble comme estoit
Croissant et dame Katherine sa femme. Quant la nuict fut (25) passee
et que vinჟ que le iour fust venu l'espouse et l'espousee se leuerent si
reuindrent (26) au palays ou la feste et la ioye recommenca laquelle
dura quinze iours. Puis après (27) ce chascun se deppartit de la court
excepté ceulx qui en estoient de la belle vie que ilz (28) demenerent
ensemble estoient resiouys tous ceulx qui les aymoient long temps fu-
(29)rent ensemble et tant que par vieillesse le roy Guyemart se accoucha
au lict malade (80) dont au quatriesme iour il mourut, moult grant dueil
en demena Katherine sa fil(31)le et aussi fist Croissant qui moult cherement l'aymoit le corps fut porté a la grant (32) Eglise sainct Pierre ou
son seruice et ses obseques furent faictes, puis fut porté et (33) mys en sa
sepulture a pleurs et en larmes, car en son temps auoit esté tres bon
prince (34) et loyal et grant iusticier, moult fut plaint et regretté des
pouures et des riches (35) et puis après sa mort par le consentement des
barons de l'empire Croissant fut couron(36)né de la couronne de L'empereur et aussi fut ma dame Katherine emperiere. A leur (37) couronne-
ment fut moult grant feste faicte, moult belle vie demenerent durant le
(v° 1) temps qu'ilz vesquirent. Croissant acreut et amenda la seigneurie
de Romme et con(2)quist plusieurs royaulmes comme Hierusalem et toute
Surye. Comme on peult (3) scauoir plus a plain par la cronique que pour
luy en fut faicte, mais plus auant (4) de luy ne faisons mention qui plus
en vouldra scauoir cherche le liure des Cronic(5)ques qui pour luy ont
esté faictes. Atant faictz fin de nostre liure qui traicte du no(6)ble duc
Huon de Bordeaulx et de ce ceulx qui de luy descendirent. Lequel liure
et hystoi(7)re a esté mys de rime en prose a la requeste de Monseigneur
Charles seigneur de (8) Rochefort et de Messire Hues de Longeual seigneur
de vaulx et de Pierre Ruot(9)te lequel fut faict et parfaict le XXIX
iour de Janvier L'an mil CCCCLIIII.

§ 228. Werfen wir noch einen Blick auf den weiteren Verlauf der
»Chanson d'Yde et Oliue«, wie sie in der Turiner Hs. vorliegt. Yde und
Oliue kommen mit ihrem Gefolge in Arragon an. Florent ist bereits
gestorben. Von einer Jugendgefährtin Ydes, welche an einen Grafen
verheiratet ist, werden sie freundlich aufgenommen. Diese erzählt, dass
Desiier sich nach dem Tode Florents des Thrones bemächtigt hat. Yde
besitzt aber bereits ein Schreiben vom Papst, welches alle verdammt,
die Desiier als ihren Herren anerkennen. Ein Abt wird von Yde abgeschickt, welcher Desiier auffordern soll, die Herrschaft an ihn abzutreten,
oder, falls Desiier sich weigere, demselben Fehde anzukündigen. Als der
Abt seinen Auftrag ausgerichtet hat, gerät Desiier in den höchsten Zorn.
Der Abt teilt Yde mit, dass ihm Desiier gutwillig nicht weichen werde.
Jeder der Könige rüstet also ein Heer aus. Schon steht die Schlacht
bevor, als Huon in Dunostre den Streit zu schlichten beschliesst. Er
wünscht sich einen Esclarmonde mit zahlreichem Gefolge zwischen die
beiden Heere und ist alsbald da. Durch Malabron lässt er Desiier auffordern, Yde als König anzuerkennen, und Desiier gehorcht. Huon versöhnt die beiden Könige. Auf seinen Befehl huldigen auch die Barone

Desiiers Yde. Am folgenden Tage kehrt Desiier in sein Reich zurück.
Anf die Bitte seiner Gemahlin hin wünscht Huon auch Croissant und
dessen Gemahlin herbei. Huon schenkt Croissant einen Ring, welcher
den unverwundbar macht, der ihn trägt. Am dritten Tage wünscht
Huon Croissant und dessen Gemahlin wieder nach Rom zurück, nimmt
Abschied von Yde und wünscht sich mit den Seinen wieder nach Dunostre
zurück. Vierzig Jahre regiert Yde in Arragon. Oliue schenkt noch vier
Söhnen und drei Töchtern das Leben. Dies widerspricht allerdings dem
Vers 7259. Es ist von Croissant die Rede; darauf heisst es:

(7259) Yde n'Oliue n'orent nul enfant plus.

Dieser Widerspruch ist eine weitere Stütze für die in § 174 aufgestellte
Behauptung. Nachdem von den Kindern Ydes gesprochen worden ist,
schliesst die »Chanson d'Yde et Oliue« mit den Worten:

(8069) Mais d'inus ici cis liures se taira,
Del roi Huon auant vous contera. [7645—8070.]

§ 229. Auf die »Chanson d'Yde et Oliue« folgt nicht unmittelbar
die »Chanson de Godin«, sondern es wird uns zunächst von einem sieg-
reichen Kampfe Huons gegen Riesen erzählt, welche Dunostre erstürmen
wollen. [8070—8307.] Huon übergiebt hierauf Dunostre Malabron und
Monnur Gloriant zur Bewachung und begiebt sich selbst mit Esclarmonde nach Bordeaux, wo er nach so langer Abwesenheit freudig empfangen wird. Einem Grafen Bernart erzählt er, was sich alles inzwischen
ereignet hat. Bald kehrt er nach dem Feenreiche zurück. [8308—8416.]
Nun wird die Geburt Godins erzählt, und mit Vers 8421 beginnt die
»Chanson de Godin«, deren Inhalt hoffentlich auch bald bekannt gemacht
werden wird.

Lebenslauf.

Am 9. August 1865 wurde ich, Max Schweingel, als der Sohn
des Wirtschaftsdirektors Hermann Schweingel zu Reichenbach in
Schlesien geboren. Ich bin evangelisch-lutherischer Confession. Nachdem ich bis Ostern 1878 Privatunterricht erhalten hatte, besuchte ich
von da ab nach dem Tode meiner Eltern die Realschule I. Ordnung
(Realgymnasium) zu Borna, welche ich Ostern 1884 mit dem Reifezeugnis
verliess. Hierauf widmete ich mich dem Studium der neueren Philologie
und studierte zunächst drei Semester in Leipzig. Im Oktober 1885 begab
ich mich nach Marburg, um hier meine Studien zu vollenden. Daselbst
bestand ich am 17. November 1887 das Examen rigorosum.

Meine akademischen Lehrer waren die Herren Professoren und
Docenten: Drobisch, Ebert, Hermann, Kögel, Masius,
Maurenbrecher, Settegast, Techmer, Wenck, Zarncke in
Leipzig; Bergmann, Cohen, Koch, Lucae, Stengel, Stosch,
Varrentrapp, Vietor in Marburg. Allen meinen Lehrern, besonders
aber Herrn Prof. Stengel, bin ich zu grossem Danke verpflichtet.